만들면서 배우는
클린 아키텍처
자바 코드로 구현하는 클린 웹 애플리케이션

만들면서 배우는
클린 아키텍처

자바 코드로 구현하는 클린 웹 애플리케이션

지은이 **톰 홈버그**

옮긴이 **박소은**

감수 **조영호**

펴낸이 **박찬규**   엮은이 **이대엽**   디자인 **북누리**   표지디자인 Arowa & Arowana

펴낸곳 **위키북스**   전화 031-955-3658, 3659   팩스 031-955-3660

주소 경기도 파주시 문발로 115 세종출판벤처타운 311호

가격 **18,000**   페이지 **168**   책규격 **175 x 235mm**

1쇄 발행 2021년 11월 26일
2쇄 발행 2022년 03월 30일
3쇄 발행 2023년 03월 10일
ISBN **979-11-5839-275-8 (93000)**

등록번호 제406-2006-000036호   등록일자 2006년 05월 19일
홈페이지 wikibook.co.kr   전자우편 wikibook@wikibook.co.kr

만들면서 배우는
클린 아키텍처

자바 코드로 구현하는 클린 웹 애플리케이션

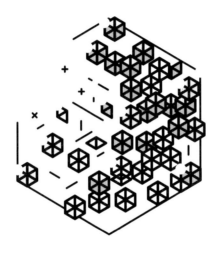

톰 홈버그 지음

박소은 옮김 / 조영호 감수

위키북스

저자 소개

톰 홈버그(Tom Hombergs)는 10년이 넘는 세월 동안 다양한 업계의 고객들을 위해 수많은 소프트웨어 프로젝트를 진행한 전문적이고 열정적인 소프트웨어 엔지니어. 주로 자바 생태계에서 소프트웨어 개발자, 아키텍트, 멘토로 일했다. 글을 쓰는 것이 배움의 가장 좋은 방법임을 발견하고, 혼란한 소프트웨어 개발의 세계에 구조를 부여할 수 있는 글을 쓰기 위해 소프트웨어 프로젝트에서 당면했던 주제들에 대해서 깊게 파고드는 것을 좋아한다. 자신의 블로그인 reflectoring.io에 정기적으로 글을 쓰고, 이따금 컨퍼런스에서 연사로 서기도 한다.

역자 소개

박소은

어제보다 나은 코드를 짜기 위해 노력하는 개발자

서문

이번 절에서는 저자와 이 책에서 다룰 내용들에 대해 간단히 소개한다.

이 책에 대해

우리 모두는 낮은 개발 비용으로 유연하고 적응이 쉬운 소프트웨어 아키텍처를 구축하고 자 한다. 그러나 불합리한 기한과 쉬워보이는 지름길[1]은 이러한 아키텍처를 구축하는 것을 매우 어렵게 만든다.

이 책에서는 전통적인 계층형 아키텍처(layered architecture) 스타일과 이 스타일의 단점을 논하는 것부터 시작한다. 로버트 마틴(Robert C. Martin)[2]의 클린 아키텍처(clean architecture)와 알리스테어 콕번(Alistair Cockburn)[3]의 육각형 아키텍처(hexagonal architecture)에서 이야기하는 도메인 중심 아키텍처의 장점에 대해서도 이야기한다. 그러고 나서 실제 코드에서 어떻게 육각형 아키텍처를 구현하는지를 보여주기 위한 실습단원으로 넘어간다. 실습을 통해 육각형 아키텍처의 다양한 계층 간 매핑 전략들을 자세히 알아보고 아키텍처의 요소들을 어떻게 애플리케이션에 녹여낼 것인지 배울 것이다. 이어지는 몇 개의 장에서는 아키텍처 경계를 강제하는 방법에 관해 살펴볼 예정이다. 또, 어떤 지름길이 어떤 종류의 기술 부채를 만들고, 어떤 경우에 이러한 부채를 기꺼이 질 가치가 있는지 배운다.

이 책을 읽고 나면 육각형 아키텍처 스타일의 애플리케이션을 만드는 데 필요한 모든 지식을 알게 될 것이다.

---

1   (옮긴이) 원문의 'shortcut'을 지름길로 번역했습니다. 지름길이라는 단어 자체는 원래의 길보다 더 쉽고 빠른 길을 의미해서 부정적인 의미가 없지만 이 책에서는 부정적인 의미를 조금 내포하고 있습니다. 지름길같이 느껴지는 빠른 방법이지만 정도는 아닌 방법으로, 트레이드오프 결과에 따라 올바른 방식으로 보여 필요하다면 택할 수도 있는 방법이라는 의미로 사용했습니다.
2   (옮긴이) 《클린 코드》, 《클린 아키텍처》, 《클린 코더》 등의 베스트셀러를 저술한 소프트웨어 엔지니어
3   (옮긴이) 애자일의 창시자 중 한명으로 《Writing Effective Use Cases》를 저술

학습 목표

이 책을 다 읽을 무렵에는 다음과 같은 것들을 할 수 있게 된다.

- 계층형 아키텍처를 사용했을 때의 잠재적인 단점들을 파악할 수 있다.

- 아키텍처 경계를 강제하는 방법들을 적용할 수 있다.

- 잠재적인 지름길들이 소프트웨어 아키텍처에 어떻게 영향을 미칠 수 있는지 파악할 수 있다.

- 언제 어떤 스타일의 아키텍처를 사용할 것인지에 대해 논할 수 있다.

- 아키텍처에 따라 코드를 구성할 수 있다.

- 아키텍처의 각 요소들을 포함하는 다양한 종류의 테스트를 적용할 수 있다.

대상 독자

이 책은 자신이 만드는 소프트웨어의 아키텍처를 신경 쓰는 독자를 위한 책이다. 이 책을 최대한 활용하려면 웹 개발 경험이 어느 정도 필요하다. 또한 이 책의 예제는 자바로 작성돼 있다. 자바 프로그래머가 아니더라도 다른 언어로 작성된 객체지향 코드를 읽을 수 있다면 문제없이 이 책을 읽을 수 있을 것이다. 드물지만 자바나 특정 프레임워크에 대한 지식이 필요한 경우에는 자세하게 설명해뒀다.

접근 방법

이 책의 모든 개념들은 온라인 송금 예제 애플리케이션인 BuckPal을 통해 설명한다.

예제 코드는 깃허브 저장소(https://github.com/wikibook/clean-architecture)에서 확인할 수 있다. 깃허브 리포지토리의 이슈를 통해 자유롭게 질문과 제안을 보내주길 바란다.

표기 관례

이 책의 예제들은 자바로 작성돼 있다. 나도 자바를 좋아하기는 하지만 자바가 아주 장황한 언어라는 점을 인정한다. 예제 코드의 보일러플레이트(boilerplate) 코드[4]로 인해 초점이 흐려지지 않도록 본문에서는 이러한 코드를 싣지 않았다. 대신 코드가 정상적으로 동작할 수 있도록 Lombok(https://projectlombok.org) 애너테이션을 이용해 보일러플레이트 코드를 자동으로 생성하게 했다.

- @Getter 애너테이션은 이 애너테이션이 지정된 필드에 대해 getter 메서드를 자동 생성한다. 만약 클래스에 이 애너테이션을 사용하면 해당 클래스의 모든 private 필드에 대해 getter 메서드를 생성한다.

- @RequiredArgsConstructor 애너테이션은 이 애너테이션이 지정된 클래스의 모든 private final 필드를 초기화하는 파라미터들이 포함된 생성자를 자동 생성한다.

- @NoArgsConstructor 애너테이션은 인자가 없는 (디폴트) 생성자를 자동 생성한다.

피드백

이 책에 관해 들려줄 이야기가 있다면 기꺼이 듣고 싶다. 이메일(tom@reflectoring.io)이나 트위터(https://twitter.com/TomHombergs)로 연락바란다.

---

4   (옮긴이) 변경 없이 여러 군데서 재사용되는 상용구 코드(https://en.wikipedia.org/wiki/Boilerplate_code)

책 사용 설명서

본문 내용을 시작하기에 앞서 이 책의 도서 홈페이지 및 예제 파일을 소개하고, 이 책에서 사용된 편집 서식에 대해 알아보겠습니다.

도서 홈페이지

이 책의 홈페이지 URL은 다음과 같습니다.

- 책 홈페이지: https://wikibook.co.kr/clean-architecture

이 책을 읽는 과정에서 내용상 궁금한 점이나 잘못된 내용, 오탈자가 있다면 홈페이지 우측의 [도서 관련 문의]를 통해 문의해 주시면 빠른 시간 내에 안내해 드리겠습니다.

예제 파일

이 책의 예제 파일은 깃허브 저장소에서 관리됩니다. 아래 깃허브 저장소에서 예제 파일을 확인하고 내려받을 수 있습니다.

- 깃허브 저장소: https://github.com/wikibook/clean-architecture

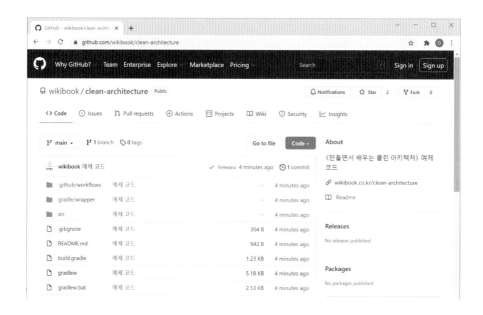

예제 파일이 변경될 경우 위 깃허브 저장소에 반영됩니다.

예제 파일 다운로드

이 책의 예제 파일을 다운로드하는 방법을 알아보겠습니다.

01. 웹 브라우저로 깃허브 저장소(https://github.com/wikibook/clean-architecture)에 접속해 오른쪽
     위의 [Code]를 클릭한 후 [Download ZIP]을 클릭합니다.

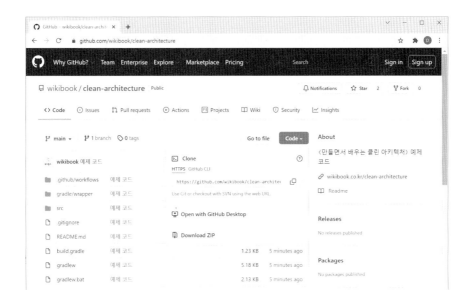

02. 다운로드할 폴더를 지정해 압축 파일(ZIP 파일)을 내려받습니다. 특별히 다운로드 폴더를 지정하지 않
     으면 다운로드 폴더에 내려받습니다.

03. 다운로드한 압축 파일(clean-architecture-main.zip)의 압축을 풉니다. 이때 압축 해제된 파일이 위치할 대상 폴더를 지정하거나 현재 디렉터리에 압축을 해제한 후 대상 폴더로 옮길 수 있습니다.

04. 압축을 해제한 폴더로 이동하면 폴더 구성을 확인할 수 있습니다.

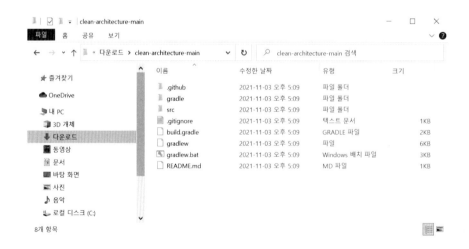

편집 서식

이 책의 본문에 사용된 서식은 다음과 같습니다.

- 볼드체: 본문에서 강조하는 용어나 내용을 나타냅니다.

  입력 유효성을 검증하는 것은 **구문상의(syntactical)** 유효성을 검증하는 것이라고도 할 수 있다. 반면 비즈니스 규칙은 유스케이스의 맥락 속에서 **의미적인(semantical)** 유효성을 검증하는 일이라고 할 수 있다.

- 본문 코드: 본문에서 코드, 파일명, 옵션 등과 관련된 사항을 나타냅니다.

  UserService에서 사용자 등록 유스케이스를 찾는 대신 RegisterUserService를 바로 열어서 작업을 시작하는 것처럼 말이다.

- 코드 블록: 코드 예제를 나타냅니다.

```
package buckpal.domain;

public class Account {

  private AccountId id;
  private Money baselineBalance;
  private ActivityWindow activityWindow;
  ...
```

역자 서문

이 책의 제목을 보고 '클린 코드고 클린 아키텍처고 이론은 다 알겠지만 복잡한 우리 회사 프로젝트에는 어떻게 적용할지 잘 와 닿지 않았는데, 드디어 내가 원하던 그 책인가!'라고 생각하는 독자가 계시다면 안타깝게도 그렇지는 않습니다. 언제나 그렇듯 실무에서 우리가 짜는 대부분의 코드에는 책의 예제보다 훨씬 더 복잡한 로직과 내부사정이 있기 때문입니다. 하지만 코드를 짜며 클래스 간의 의존관계는 어느 정도로 허용해야 하고, 패키지 레벨은 어떻게 나눠야 하는지 등을 끊임없이 고민하는 분들이라면 이 책에서 조금의 힌트는 얻을 수 있으리라 생각합니다.

정말 좋은 책이 있는데 번역해보겠냐는 제안을 받고 신나서 덥석 수락한 것이 무색하게 수많은 용어의 홍수 속에서 정확한 의미를 파악하기 위해 적지 않은 고민을 하고 많은 시간을 들여야 했습니다. 많은 분들이 관심을 가지고 계신 덕분에 오역을 하지 않기 위해 사놓고 읽지 않았던 《도메인 주도 설계》도 읽고, 《클린 아키텍처》도 다시 읽는 시간을 강제로 가질 수 있었습니다.

어떻게 하면 원서의 뉘앙스와 용어를 최대한 그대로 살리면서도 독자분들이 보기에 번역이 제대로 됐다고 느낄 수 있을지 고민하며 단어를 골랐습니다. 그럼에도 부족한 부분에 대해서는 각주를 통해 도움이 될 만한 내용을 적어뒀습니다.

부족한 번역에서 구멍을 찾아 조언해주신 조영호 님, 매번 꼼꼼하게 검토해주신 이대엽 님께 감사드립니다.

이 책이 클린 아키텍처를 향해 나아가는 여러분들의 여정에 도움이 되길 바랍니다.

추천사

알리스테어 콕번(Alistair Cockburn)의 '육각형 아키텍처(Hexagonal Architecture)' 패턴을 처음 접한 시기는 마틴 파울러(Martin Fowler)가 저술한 《엔터프라이즈 애플리케이션 아키텍처 패턴》을 읽던 때였습니다. "프레젠테이션과 데이터 원본 계층이 외부 세계와 연결된다는 면에서 비슷한 점이 많다는 것을 알 수 있다. … 육각형 아키텍처는 모든 외부 요소를 근본적으로 외부 인터페이스로 나타내므로 비대칭 계층화 체계와는 다른 모양의 대칭 뷰를 보여준다"라는 설명에 호기심이 발동했고, 책의 레퍼런스를 따라 위키 위키웹(http://wiki.c2.com/)에 접속해서 설명을 읽었던 기억이 나네요. 물론 그 당시에는 이 설명이 가지는 의미를 하나도 이해하지 못했지만 말이죠.

시간이 흘러 우연한 기회에 알리스테어 콕번이 자신의 홈페이지에 육각형 아키텍처 패턴을 자세히 설명한 글을 게시했다는 사실을 알게 됐습니다. 또 다시 호기심이 발동한 저는 콕번의 홈페이지로 달려가 게시된 글을 읽기 시작했습니다. 육각형 아키텍처라는 용어 대신 '포트와 어댑터(Ports and Adapters)' 패턴이라는 용어를 전면에 내세운 이 글을 통해 마틴 파울러가 언급했던 대칭 뷰가 무엇을 의미하는지 조금이나마 이해할 수 있었습니다. 물론 흐릿한 안개가 조금 걷힌 정도에 불과했지만 말이죠.

전통적인 계층형 아키텍처는 사용자와의 상호작용을 담당하는 프레젠테이션 계층과 엔티티의 영속성을 처리하는 영속성 레이어를 별개의 계층으로 구분합니다. 계층형 아키텍처에서 프레젠테이션 계층은 하위의 도메인 계층에 의존하고, 도메인 계층은 하위의 영속성 계층에 의존합니다. 따라서 도메인 계층 입장에서 의존성은 비대칭적입니다.

반면 육각형 아키텍처에서는 사용자 인터페이스나 데이터베이스 모두 비즈니스 로직으로부터 분리돼야 하는 외부 요소로 취급합니다. 기술만 다를 뿐 도메인 관심사를 다루지 않는다는 측면에서 보면 동일하다는 것이죠. 여기서 핵심은 의존성의 방향으로 비즈니스 로직이 외부 요소에 의존하지 않고 프레젠테이션 계층과 데이터 소스 계층이 도메인 계층에 의존하도록 만들어야 한다는 것입니다. 따라서 도메인 계층의 입장에서 의존성은 대칭적입니다.

육각형 아키텍처에서 애플리케이션은 비즈니스 관심사를 다루는 내부(inside)와 기술적인 관심사를 다루는 외부(outside)로 분해됩니다. 여기서 외부에 포함된 기술적인 컴포넌트를 어댑터(adapter)라 부르고, 어댑터가 내부와 상호작용하는 접점을 포트(port)라고 부릅니다. 육각형 아키텍처 패턴을 포트와 어댑터 패턴이라고도 부르는 이유가 바로 이 때문입니다.

육각형 아키텍처의 핵심을 이해하게 된 계기는 에릭 에반스(Eric Evans)가 저술한《도메인 주도 설계》를 읽으면서부터였습니다. 에릭 에반스는 책에서 "도메인 로직이 프로그램상의 다른 관심사와 섞여 있다면 그와 같은 대응을 달성하기가 수월하지 않다. 따라서 도메인 주도 설계의 전제 조건은 도메인 구현을 격리하는 것이다"라는 말로 내부와 외부의 분리를 강조했습니다. 도메인을 기반으로 애플리케이션을 구축하기 위해서는 육각형 아키텍처처럼 경계와 의존성을 강제할 수 있는 아키텍처를 채택하는 것이 중요하다는 사실을 깨달았던 순간이었습니다.

육각형 아키텍처가 나온 이후 애플리케이션을 내부와 외부로 구분하는 다양한 아키텍처들이 소개되어 왔습니다. 로버트 마틴(Robert C. Martin)은 이 같은 도메인 중심의 아키텍처들에 적용되는 원칙을 설명하기 위해《클린 아키텍처》를 저술했고, 많은 사람들이 육각형 아키텍처와 같은 도메인 중심의 아키텍처에 관심을 갖게 되는 계기가 됐습니다.

지금까지의 이야기가 흥미롭게 들리나요? 그렇다면 여러분의 손에 들려있는 책을 끝까지 읽어보시기 바랍니다. 이 책은 육각형 아키텍처의 가치와 구현 방법에 관해 그 어떤 자료보다 상세하고 명확하게 소개하고 있습니다. 전통적인 계층 아키텍처가 초래하는 문제부터 시작해서, 육각형 아키텍처의 근간을 이루는 다양한 설계 원칙, 포트와 어댑터의 구현 방식, 테스트 기법과 아키텍처 경계를 강제하는 방법까지 육각형 아키텍처를 구현하는 데 필요한 모든 것을 다루고 있습니다.

게다가 이 책은 얇습니다. 마음만 먹으면 하루만에 다 읽을 수 있을 정도로 짧고 간결합니다. 적은 지면 안에 이렇게 풍부한 내용을 담을 수 있는 저자의 능력이 감탄스럽기까지 합니다.

솔직히 말씀드리면 제가 육각형 아키텍처를 처음 접한 때는 2004년이었습니다. 그때부터 지금까지 꽤 오랜 시간 동안 육각형 아키텍처라는 개념을 접해왔지만 이 책을 읽고 나서야 실무에 적용할 때 고려해야 하는 다양한 이슈를 알게 됐다는 점이 한편으로 부끄럽기도 합니다.

그러니 이 책을 읽으세요. 유연하고 유지보수가 용이한 아키텍처를 구축하는 방법이 궁금하다면 이 책을 읽으세요. 여러분의 아키텍처를 어떻게 개선할지, 도메인 중심의 개발을 위해 필요한 아키텍처를 어떻게 구현할지 알지 못한다면 이 책을 읽으세요. 도메인 주도 설계를 지원할 수 있는 아키텍처의 모습이나 클린 아키텍처의 실체가 궁금하다면 이 책을 읽으세요. 여러분이 여기에 해당하지 않더라도 이 책을 읽으세요.

이 책을 읽고 나면 아키텍처를 바라보는 여러분의 시각이 깊고 넓어질 것입니다.

조영호, 《객체지향의 사실과 오해》, 《오브젝트》 저자

목차

01

계층형 아키텍처의 문제는
무엇일까?

계층(layer)으로 구성된 (웹) 애플리케이션을 개발해본 적이 있을 것이다. 어쩌면 현재 맡은 프로젝트가 그런 구조일 수도 있다. (사실, 현재 내가 맡은 프로젝트가 그렇다.)

계층을 이용하는 사고 방식은 컴퓨터 과학 수업이나 튜토리얼, 모범사례를 통해 우리에게 주입돼 왔다. 심지어 《Software Architecture Patterns》[1]를 포함한 여러 책에서도 계층에 대해 배웠다.

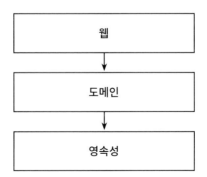

그림 1.1 웹 계층, 도메인 계층, 영속성 계층으로 구성된 전통적인 웹 애플리케이션 구조

---

1 《Software Architecture Patterns》(Mark Richards, O'Reilly, 2015)

그림 1.1은 상위 수준 관점에서 일반적인 3계층 아키텍처를 표현한 그림이다. 맨 위의 **웹** 계층에서는 요청을 받아 **도메인** 혹은 비즈니스 계층에 있는 서비스로 요청을 보낸다. 서비스에서는 필요한 비즈니스 로직을 수행하고, 도메인 엔티티의 현재 상태를 조회하거나 변경하기 위해 **영속성** 계층의 컴포넌트를 호출한다.

사실 계층형 아키텍처는 견고한 아키텍처 패턴이다. 계층을 잘 이해하고 구성한다면 웹 계층이나 영속성 계층에 독립적으로 도메인 로직을 작성할 수 있다. 원한다면 도메인 로직에 영향을 주지 않고 웹 계층과 영속성 계층에 사용된 기술을 변경할 수 있다. 기존 기능에 영향을 주지 않고 새로운 기능을 추가할 수도 있다.

잘 만들어진 계층형 아키텍처는 선택의 폭을 넓히고, 변화하는 요구사항과 외부 요인에 빠르게 적응할 수 있게 해준다. 그리고 엉클 밥(Uncle Bob)[2]에 의하면 이것이 바로 아키텍처의 전부다(《클린 아키텍처》의 15장).

그렇다면 계층형 아키텍처의 문제점은 무엇일까?

내 경험에 의하면 계층형 아키텍처는 코드에 나쁜 습관들이 스며들기 쉽게 만들고 시간이 지날수록 소프트웨어를 점점 더 변경하기 어렵게 만드는 수많은 허점들을 노출한다. 이어지는 절에서 그 이유를 살펴보자.

계층형 아키텍처는 데이터베이스 주도 설계를 유도한다

정의에 따르면 전통적인 계층형 아키텍처의 토대는 데이터베이스다.

웹 계층은 도메인 계층에 의존하고, 도메인 계층은 영속성 계층에 의존하기 때문에 자연스레 데이터베이스에 의존하게 된다.

모든 것이 영속성 계층을 토대로 만들어진다. 이런 방식은 다양한 이유로 문제를 초래한다.

---

2 (옮긴이) 《클린 아키텍처》(인사이트, 2019)를 저술한 로버트 C. 마틴의 별명

우리가 만드는 대부분의 애플리케이션의 목적이 무엇인지 생각해보자. 우리는 보통 비즈니스를 관장하는 규칙이나 정책을 반영한 모델을 만들어서 사용자가 이러한 규칙과 정책을 더욱 편리하게 활용할 수 있게 한다.

이때 우리는 상태(state)가 아니라 행동(behavior)을 중심으로 모델링한다. 어떤 애플리케이션이든 상태가 중요한 요소이긴 하지만 행동이 상태를 바꾸는 주체이기 때문에 행동이 비즈니스를 이끌어간다.

그렇다면 우리는 왜 '도메인 로직'이 아닌 '데이터베이스'를 토대로 아키텍처를 만드는 걸까?

그동안 만들어 본 애플리케이션의 유스케이스를 한번 떠올려보자. 도메인 로직을 먼저 구현했는가 아니면 영속성 계층을 먼저 구현했는가? 아마 데이터베이스의 구조를 먼저 생각하고, 이를 토대로 도메인 로직을 구현했을 것이다.

이는 전통적인 계층형 아키텍처에서는 합리적인 방법이다. 의존성의 방향에 따라 자연스럽게 구현한 것이기 때문이다. 하지만 비즈니스 관점에서는 전혀 맞지 않는 방법이다. 다른 무엇보다도 도메인 로직을 먼저 만들어야 한다. 그래야만 우리가 로직을 제대로 이해했는지 확인할 수 있다. 그리고 도메인 로직이 맞다는 것을 확인한 후에 이를 기반으로 영속성 계층과 웹 계층을 만들어야 한다.

데이터베이스 중심적인 아키텍처가 만들어지는 가장 큰 원인은 ORM(object-relational mapping, 객체 관계 매핑) 프레임워크를 사용하기 때문이다. 나 역시 ORM 프레임워크를 좋아하고 JPA나 하이버네이트(Hibernate)를 늘상 이용하고 있으니 오해하지 말길 바란다.

하지만 ORM 프레임워크를 계층형 아키텍처와 결합하면 비즈니스 규칙을 영속성 관점과 섞고 싶은 유혹을 쉽게 받는다.

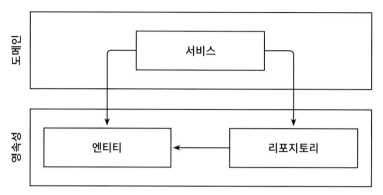

그림 1.2 도메인 계층에서 데이터베이스 엔티티를 사용하는 것은 영속성 계층과의 강한 결합을 유발한다.

그림 1.2와 같이 ORM에 의해 관리되는 엔티티들은 일반적으로 영속성 계층에 둔다. 계층은 아래 방향으로만 접근 가능하기 때문에 도메인 계층에서는 이러한 엔티티에 접근할 수 있다. 그리고 이러한 엔티티에 접근할 수 있다면 분명 사용되기 마련이다.

하지만 이렇게 되면 영속성 계층과 도메인 계층 사이에 강한 결합이 생긴다. 서비스는 영속성 모델을 비즈니스 모델처럼 사용하게 되고 이로 인해 도메인 로직뿐만 아니라 즉시로딩(eager loading)/지연로딩(lazy loading), 데이터베이스 트랜잭션, 캐시 플러시(flush) 등등 영속성 계층과 관련된 작업들을 해야만 한다.

영속성 코드가 사실상 도메인 코드에 녹아들어가서 둘 중 하나만 바꾸는 것이 어려워진다. 이는 유연하고 선택의 폭을 넓혀준다던 계층형 아키텍처의 목표와 정확히 반대되는 상황이다.

지름길을 택하기 쉬워진다

전통적인 계층형 아키텍처에서 전체적으로 적용되는 유일한 규칙은, 특정한 계층에서는 같은 계층에 있는 컴포넌트나 아래에 있는 계층에만 접근 가능하다는 것이다.

개발 팀 내에서 합의한 다른 규칙들이 있을 수 있고, 그중 일부는 개발 도구를 이용해 강제화했을지도 모르지만, 계층형 아키텍처 자체는 위 규칙 외의 다른 규칙을 강제하지 않는다.

따라서 만약 상위 계층에 위치한 컴포넌트에 접근해야 한다면 간단하게 컴포넌트를 계층 아래로 내려버리면 된다. 그러면 접근 가능하게 되고, 깔끔하게 문제가 해결된다.

딱 한번 이렇게 하는 것은 괜찮을 수 있다. 하지만 처음이 힘들지 그다음부터는 죄책감이 훨씬 덜하다. 또 동료가 그렇게 한다면, 나 역시 그렇게 해도 된다는 마음이 들지 않을까?

개발자들이 이러한 지름길을 대수롭지 않게 여긴다는 뜻은 아니다. 그러나 어떤 것을 할 수 있는 선택지가 있다면 누군가는 반드시 그렇게 하기 마련이다. 특히나 마감이 다가오는 상황이라면 더더욱 말이다. 또, 과거에도 이와 똑같은 전력이 있다면 재차 그렇게 하는 것에 대한 심리적 부담감은 훨씬 낮아지기 마련이다. 이를 두고 심리학에서는 '깨진 창문 이론'(11장에서 더 자세히 알아본다)이라고 부른다.

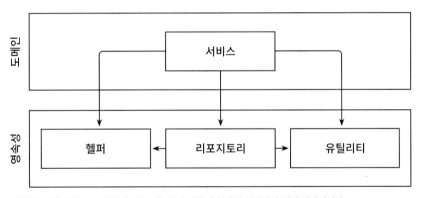

그림 1.3 영속성 계층에서는 모든 것에 접근 가능하기 때문에 시간이 지나면서 점점 비대해진다.

영속성 계층은 수년에 걸친 개발과 유지보수로 결국 그림 1.3과 같이 될 확률이 높다.

영속성 계층(더 일반적인 용어로, 최하단 계층)은 컴포넌트를 아래 계층으로 내릴수록 비대해진다. 어떤 계층에도 속하지 않는 것처럼 보이는 헬퍼 컴포넌트나 유틸리티 컴포넌트들이 이처럼 아래 계층으로 내릴 가능성이 큰 후보다.

그러니 아키텍처의 '지름길 모드'를 끄고 싶다면, 적어도 추가적인 아키텍처 규칙을 강제하지 않는 한 계층은 최선의 선택은 아니다. 그리고 여기서 '강제한다'는 것은 시니어 개발자가 코드 리뷰를 한다는 의미가 아니라 해당 규칙이 깨졌을 때 빌드가 실패하도록 만드는 규칙을 의미한다.

테스트하기 어려워진다

계층형 아키텍처를 사용할 때 일반적으로 나타나는 변화의 형태는 계층을 건너뛰는 것이다. **엔티티**의 필드를 단 하나만 조작하면 되는 경우에 웹 계층에서 바로 영속성 계층에 접근하면 도메인 계층을 건드릴 필요가 없지 않을까?

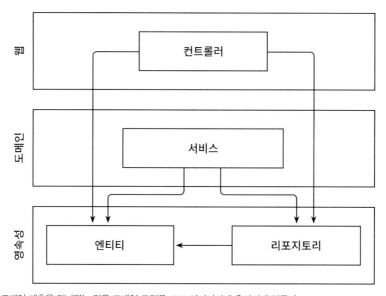

그림 1.4 도메인 계층을 건너뛰는 것은 도메인 로직을 코드 여기저기에 흩어지게 만든다.

다시 한번 말하지만 처음 몇 번은 괜찮게 느껴진다. 하지만 이런 일이 자주 일어난다면 (그리고 누군가 한 발짝 먼저 내디딘다면 꼭 그렇게 된다) 두 가지 문제점이 생긴다.

첫 번째 문제는 단 하나의 필드를 조작하는 것에 불과하더라도 도메인 로직을 웹 계층에 구현하게 된다는 것이다. 만약 앞으로 유스케이스가 확장된다면 어떻게 될까? 아마도 더 많은 도메인 로직을 웹 계층에 추가해서 애플리케이션 전반에 걸쳐 책임이 섞이고 핵심 도메인 로직들이 퍼져나갈 확률이 높다.

두 번째 문제는 웹 계층 테스트에서 도메인 계층뿐만 아니라 영속성 계층도 모킹 (mocking)해야 한다는 것이다. 이렇게 되면 단위 테스트의 복잡도가 올라간다. 그리고 테스트 설정이 복잡해지는 것은 테스트를 전혀 작성하지 않는 방향으로 가는 첫걸음이다. 왜냐하면 복잡한 설정을 할 시간이 없기 때문이다.

시간이 흘러 웹 컴포넌트의 규모가 커지면 다양한 영속성 컴포넌트에 의존성이 많이 쌓이면서 테스트의 복잡도를 높인다. 어느 순간에는 실제로 테스트 코드를 작성하는 것보다 종속성을 이해하고 목(mock)을 만드는 데 더 많은 시간이 걸리게 된다.

유스케이스를 숨긴다

개발자들은 새로운 유스케이스를 구현하는 새로운 코드를 짜는 것을 선호한다. 그러나 실제로는 새로운 코드를 짜는 데 시간을 쓰기보다는 기존 코드를 바꾸는 데 더 많은 시간을 쓴다. 이것은 비단 수십 년 된 코드로 구성된 끔찍한 레거시 프로젝트에만 해당되는 것은 아니고, 초창기 유스케이스만 구현된 따끈따끈한 신규 프로젝트에서도 마찬가지다.

기능을 추가하거나 변경할 적절한 위치를 찾는 일이 빈번하기 때문에 아키텍처는 코드를 빠르게 탐색하는 데 도움이 돼야 한다. 이런 관점에서 계층형 아키텍처는 어떻게 우리의 발목을 잡을까?

앞서 논의했듯이 계층형 아키텍처에서는 도메인 로직이 여러 계층에 걸쳐 흩어지기 쉽다. 유스케이스가 '간단'해서 도메인 계층을 생략한다면 웹 계층에 존재할 수도 있고, 도메인 계층과 영속성 계층 모두에서 접근할 수 있도록 특정 컴포넌트를 아래로 내렸다면 영속성 계층에 존재할 수도 있다. 이럴 경우 새로운 기능을 추가할 적당한 위치를 찾는 일은 이미 어려워진 상태다.

심지어 문제가 더 심각할 수도 있다. 계층형 아키텍처는 도메인 서비스의 '너비'에 관한 규칙을 강제하지 않는다. 그렇기 때문에 시간이 지나면 그림 1.5처럼 여러 개의 유스케이스를 담당하는 아주 넓은 서비스가 만들어지기도 한다.

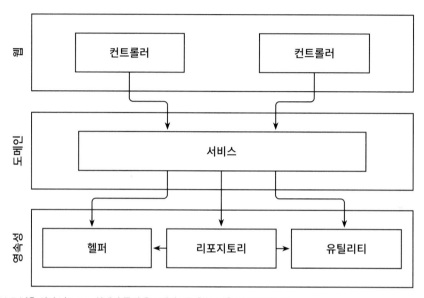

그림 1.5 넓은 서비스는 코드 상에서 특정 유스케이스를 찾는 것을 어렵게 만든다.

넓은 서비스는 영속성 계층에 많은 의존성을 갖게 되고, 다시 웹 레이어의 많은 컴포넌트가 이 서비스에 의존하게 된다. 그럼 서비스를 테스트하기도 어려워지고 작업해야 할 유스케이스를 책임지는 서비스를 찾기도 어려워진다.

고도로 특화된 좁은 도메인 서비스가 유스케이스 하나씩만 담당하게 한다면 이런 작업들이 얼마나 수월해질까? `UserService`에서 사용자 등록 유스케이스를 찾는 대신 `RegisterUserService`를 바로 열어서 작업을 시작하는 것처럼 말이다.

동시 작업이 어려워진다

일반적으로 경영진은 예산을 들이고 있는 소프트웨어가 특정 날짜에 완성되기를 바란다. 실제로는 특정 예산 내에서 완성되기를 바라기도 하지만 논의를 복잡하게 만들지는 말자.

그동안 소프트웨어 개발자로 일하면서 날짜에 맞춰 '완성된' 소프트웨어를 한번도 본 적이 없다는 사실은 차치하고, 특정 날짜까지 소프트웨어가 완성돼야 한다는 것은 여러 작업을 동시에 해야 한다는 것을 의미한다.

《맨먼스 미신》[3]을 읽지 않았더라도 아래의 유명한 결론은 알 것이다.

> "지연되는 소프트웨어 프로젝트에 인력을 더하는 것은 개발을 늦출 뿐이다."
>
> 《맨먼스 미신: 소프트웨어 공학에 관한 에세이》, 프레더릭 P. 브룩스

이는 (아직) 지연되지 않은 소프트웨어 프로젝트에 대해서도 어느 정도 적용되는 사실이다. 모든 상황에서 50명 정도 되는 큰 규모의 개발팀이 10명 정도 되는 작은 규모의 개발팀보다 5배 빠를 거라고 기대할 수는 없다. 여러 하위 팀으로 쪼개서 각기 분리된 파트를 개발할 수 있는 아주 규모가 큰 애플리케이션을 만들고 있다면 그럴 수도 있겠지만 대부분의 경우에는 서로 도움을 주고받으며 개발해야 한다.

하지만 적절한 규모에서는 프로젝트에 인원이 더 투입될 경우 확실히 더 빨라진다고 기대할 수 있다. 경영진 역시도 그렇게 기대해도 된다.

이러한 기대를 충족시키려면 아키텍처가 동시 작업을 지원해야 하지만 이렇게 하기란 쉽지는 않다. 그리고 계층형 아키텍처는 이런 측면에서는 그다지 도움이 되지 않는다.

---

3 《맨먼스 미신: 소프트웨어 공학에 관한 에세이》(인사이트, 2015)

애플리케이션에 새로운 유스케이스를 추가한다고 상상해보자. 개발자는 3명이 있다. 한 명은 웹 계층에 필요한 기능을 추가할 수 있고, 다른 한 명은 도메인 계층에, 그리고 나머지 개발자는 영속성 계층에 기능을 추가할 수 있다. 잠깐, 이렇게 하는 게 맞을까?

계층형 아키텍처에서는 이렇게 작업할 수 없다. 모든 것이 영속성 계층 위에 만들어지기 때문에 영속성 계층을 먼저 개발해야 하고, 그다음에 도메인 계층을, 그리고 마지막으로 웹 계층을 만들어야 한다. 그렇기 때문에 특정 기능은 동시에 한 명의 개발자만 작업할 수 있다.

개발자들이 인터페이스를 먼저 같이 정의하고, 각 개발자들이 실제 구현을 기다릴 필요 없이 이 인터페이스들로 작업하면 된다고 이야기할 수도 있다. 물론 가능하지만, 이전에 논의했듯이 데이터베이스 주도 설계를 하지 않는 경우에만 가능하다. 데이터베이스 주도 설계는 영속성 로직이 도메인 로직과 너무 뒤섞여서 각 측면을 개별적으로 작업할 수 없기 때문이다.

코드에 넓은 서비스가 있다면 **서로 다른** 기능을 동시에 작업하기가 더욱 어렵다. 서로 다른 유스케이스에 대한 작업을 하게 되면 같은 서비스를 동시에 편집하는 상황이 발생하고, 이는 병합 충돌(merge conflict)과 잠재적으로 이전 코드로 되돌려야 하는 문제를 야기하기 때문이다.

유지보수 가능한 소프트웨어를 만드는 데 어떻게 도움이 될까?

과거에 계층형 아키텍처를 만들어봤다면 이번 장에서 논의한 단점들이 익숙하고, 심지어 다른 단점들도 더 겪어봤을 수 있다.

올바르게 구축하고 몇 가지 추가적인 규칙들을 적용하면 계층형 아키텍처는 유지보수하기 매우 쉬워지며 코드를 쉽게 변경하거나 추가할 수 있게 된다.

그러나 앞에서 살펴봤듯이 계층형 아키텍처는 많은 것들이 잘못된 방향으로 흘러가도록 용인한다. 아주 엄격한 자기 훈련 없이는 시간이 지날수록 품질이 저하되고 유지보수하기가 어려워지기 쉽다. 그리고 이러한 자기 훈련은 보통 프로젝트 매니저가 개발팀에 새로운 마감일을 설정할 때마다 조금씩 느슨해지기 마련이다.

계층형 아키텍처로 만들든 다른 아키텍처 스타일로 만들든, 계층형 아키텍처의 함정을 염두에 두면 지름길을 택하지 않고 유지보수하기에 더 쉬운 솔루션을 만드는 데 도움이 될 것이다.

02

의존성 역전하기

1장에서 계층형 아키텍처에 대한 불만을 늘어놓았으니 이번 장에서는 대안에 대해 이야기하려고 한다. 먼저 단일 책임 원칙(Single Responsibility Principle, SRP)과 의존성 역전 원칙(Dependency Inversion Principle, DIP)에 대해 이야기하는 것으로 시작하자. 두 원칙은 SOLID 원칙에서 각각 'S'와 'D'를 담당하고 있다. 원칙에 대한 자세한 내용은 로버트 C. 마틴의 《클린 아키텍처》나 위키피디아[4]를 참고하기 바란다.

단일 책임 원칙

소프트웨어 개발을 하는 사람이라면 아마 단일 책임 원칙에 대해서 알고 있거나, 최소한 안다고 가정해도 될 것이다.

---

[4] https://ko.wikipedia.org/wiki/SOLID_(객체_지향_설계)

이 원칙의 일반적인 해석은 다음과 같다.

> 하나의 컴포넌트는 오로지 한 가지 일만 해야 하고, 그것을 올바르게 수행해야 한다.

이는 좋은 조언이지만 단일 책임 원칙의 실제 의도는 아니다.

'오로지 한 가지 일만 하는 것'은 단일 책임이라는 말을 가장 직관적으로 해석한 것이므로, 단일 책임 원칙을 자주 위와 같이 해석한다. 하지만 단일 책임 원칙이라는 이름에 오해의 여지가 있다는 점에 주의해야 한다.

단일 책임 원칙의 실제 정의는 다음과 같다.

> 컴포넌트를 변경하는 이유는 오직 하나뿐이어야 한다.

보다시피 '책임'은 사실 '오로지 한 가지 일만 하는 것'보다는 '변경할 이유'로 해석해야 한다.

아마도 단일 책임 원칙을 '단일 변경 이유 원칙'(Single Reason to Change Principle)으로 바꿔야 할지도 모르겠다.

만약 컴포넌트를 변경할 이유가 오로지 한 가지라면 컴포넌트는 딱 한 가지 일만 하게 된다. 하지만 이보다 더 중요한 것은 변경할 이유가 오직 한 가지라는 그 자체다.

아키텍처에서는 이것이 어떤 의미일까?

만약 컴포넌트를 변경할 이유가 한 가지라면 우리가 **어떤 다른 이유로** 소프트웨어를 변경하더라도 이 컴포넌트에 대해서는 전혀 신경 쓸 필요가 없다. 소프트웨어가 변경되더라도 여전히 우리가 기대한 대로 동작할 것이기 때문이다.

안타깝게도 변경할 이유라는 것은 컴포넌트 간의 의존성을 통해 너무도 쉽게 전파된다. 그림 2.1을 보자.

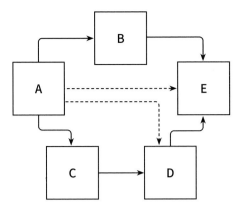

그림 2.1 어떤 컴포넌트의 의존성 각각은 이 컴포넌트를 변경하는 이유 하나씩에 해당한다. 점선 화살표처럼 전이 의존성
(transitive dependency)[5]이라고 하더라도 말이다.

그림 2.1에서 컴포넌트 A는 다른 여러 컴포넌트에 의존하는(직접적이든 전이된 것이든)
반면 컴포넌트 E는 의존하는 것이 전혀 없다.

컴포넌트 E를 변경할 유일한 이유는 새로운 요구사항에 의해 E의 기능을 바꿔야 할 때뿐
이다. 반면 컴포넌트 A의 경우에는 모든 컴포넌트에 의존하고 있기 때문에 다른 어떤 컴
포넌트가 바뀌든지 같이 바뀌어야 한다.

많은 코드는 단일 책임 원칙을 위반하기 때문에 시간이 갈수록 변경하기가 더 어려워지
고 그로 인해 변경 비용도 증가한다. 시간이 갈수록 컴포넌트를 변경할 더 많은 이유가
쌓여간다. 변경할 이유가 많이 쌓인 후에는 한 컴포넌트를 바꾸는 것이 다른 컴포넌트가
실패하는 원인으로 작용할 수 있다.

부수효과에 관한 이야기

다른 소프트웨어 회사에서 개발한 10년 된 코드를 받아서 진행하는 프로젝트에 참여한
적이 있었다. 클라이언트는 향후에 더 나은 품질과 더 적은 비용으로 유지보수와 개발을
진행하기 위해 개발 팀을 교체하기로 결정했다.

---

5 (옮긴이) 프로그램이 참조하고 있는 컴포넌트로부터 전이된 의존성

예상했던 대로 코드가 실제로 어떤 일을 하는지를 이해하기가 쉽지 않았고, 코드의 한 영역을 변경했더니 다른 영역에서 부수효과가 생겨나기 일쑤였다. 하지만 우리는 철저하게 테스트하고 자동화된 테스트를 추가하고 리팩터링을 많이 해서 어찌어찌 해나갔다.

코드를 성공적으로 유지보수하고 확장한 후, 클라이언트는 이 소프트웨어의 사용자 입장에서 굉장히 이상한 방식으로 동작하는 새로운 기능을 구현해 달라고 요청했다. 그래서 나는 조금 더 사용자 친화적이면서도 전반적인 변경이 더 적어 구현하는 비용도 더 저렴한 방식을 제안했다. 하지만 이는 아주 핵심적인 특정 컴포넌트를 변경해야 하는 작업이었다.

클라이언트는 나의 제안을 거절했고, 더 이상하고 비용이 많이 드는 방식을 주문했다. 그 이유를 들어보니, 이전 개발팀에서 과거에 그 컴포넌트를 변경했을 때 언제나 다른 무언가가 망가졌기 때문에 변경에 대한 부수효과를 우려했던 것이었다.

안타깝게도 이 사례는 클라이언트로 하여금 잘못 구조화된 소프트웨어를 변경하는 데 더 많은 비용을 지불하도록 만드는 경우를 보여준다. 다행히 대부분의 클라이언트는 이런 식으로 대응하지 않을 것이다. 그러니 이러한 방식 대신 좋은 소프트웨어를 만들도록 노력해보자.

의존성 역전 원칙

계층형 아키텍처에서 계층 간 의존성은 항상 다음 계층인 아래 방향을 가리킨다. 단일 책임 원칙을 고수준에서 적용할 때 상위 계층들이 하위 계층들에 비해 변경할 이유가 더 많다는 것을 알 수 있다.

그러므로 영속성 계층에 대한 도메인 계층의 의존성 때문에 영속성 계층을 변경할 때마다 잠재적으로 도메인 계층도 변경해야 한다. 그러나 도메인 코드는 애플리케이션에서 가장 중요한 코드다. 영속성 코드가 바뀐다고 해서 도메인 코드까지 바꾸고 싶지는 않다.

그럼 이 의존성을 어떻게 제거할 수 있을까?

의존성 역전 원칙(Dependency Inversion Principle, DIP)이 답을 알려준다.

단일 책임 원칙과 달리 의존성 역전 원칙은 이름 그대로를 의미한다.

코드상의 어떤 의존성이든 그 방향을 바꿀 수(역전시킬 수) 있다.

사실 의존성의 양쪽 코드를 모두 제어할 수 있을 때만 의존성을 역전시킬 수 있다. 만약 서드파티 라이브러리에 의존성이 있다면 해당 라이브러리를 제어할 수 없기 때문에 이 의존성은 역전시킬 수 없다.

의존성 역전은 어떻게 동작할까? 도메인 코드와 영속성 코드 간의 의존성을 역전시켜서 영속성 코드가 도메인 코드에 의존하고, 도메인 코드를 '변경할 이유'의 개수를 줄여보자.

1장의 그림 1.2에 나왔던 구조부터 시작해보자. 도메인 계층에 영속성 계층의 엔티티와 리포지토리와 상호작용하는 서비스가 하나 있다.

엔티티는 도메인 객체를 표현하고 도메인 코드는 이 엔티티들의 상태를 변경하는 일을 중심으로 하기 때문에 먼저 엔티티를 도메인 계층으로 올린다.

그러나 이제는 영속성 계층의 리포지토리가 도메인 계층에 있는 엔티티에 의존하기 때문에 두 계층 사이에 순환 의존성(circular dependency)이 생긴다. 이 부분이 바로 DIP를 적용하는 부분이다. 도메인 계층에 리포지토리에 대한 인터페이스를 만들고, 실제 리포지토리는 영속성 계층에서 구현하게 하는 것이다. 결과는 다음 그림과 같다.

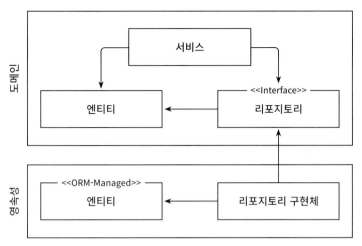

그림 2.2 도메인 계층에 인터페이스를 도입함으로써 의존성을 역전시킬 수 있고, 그 덕분에 영속성 계층이 도메인 계층에 의존하게 된다.

이 묘수로 영속성 코드에 있는 숨막히는 의존성으로부터 도메인 로직을 해방시켰다. 이것이 바로 다음 절에서 살펴볼 두 가지 아키텍처 스타일의 핵심 기능이다.

클린 아키텍처

로버트 C. 마틴은 '클린 아키텍처'라는 용어를 같은 이름의 책[6]에서 정립했다. 그는 클린 아키텍처에서는 설계가 비즈니스 규칙의 테스트를 용이하게 하고, 비즈니스 규칙은 프레임워크, 데이터베이스, UI 기술, 그 밖의 외부 애플리케이션이나 인터페이스로부터 독립적일 수 있다고 이야기했다.

이는 도메인 코드가 바깥으로 향하는 어떤 의존성도 없어야 함을 의미한다. 대신 의존성 역전 원칙의 도움으로 모든 의존성이 도메인 코드를 향하고 있다.

---

[6] 《클린 아키텍처》(인사이트, 2019), 22장

그림 2.3은 클린 아키텍처가 어떻게 생겼는지 추상적으로 보여준다.

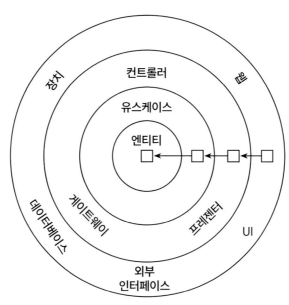

그림 2.3 클린 아키텍처에서 모든 의존성은 도메인 로직을 향해 안쪽 방향으로 향한다. 출처: 《클린 아키텍처》(인사이트, 2019)

이 아키텍처에서 계층들은 동심원으로 둘러싸여 있다. 이 아키텍처에서 가장 주요한 규칙은 의존성 규칙으로, 계층 간의 모든 의존성이 안쪽으로 향해야 한다는 것이다.

이 아키텍처의 코어(core)[7]에는 주변 유스케이스에서 접근하는 도메인 엔티티들이 있다. 유스케이스는 앞에서 서비스라고 불렀던 것들인데, 단일 책임(즉, 변경할 단 한 가지의 이유)을 갖기 위해 조금 더 세분화돼 있다. 이를 통해 이전에 이야기했던 **넓은 서비스** 문제를 피할 수 있다.

이 코어 주변으로 비즈니스 규칙을 지원하는 애플리케이션의 다른 모든 컴포넌트들을 확인할 수 있다. 여기서 '지원'은 영속성을 제공하거나 UI를 제공하는 것 등을 의미한다. 또한 바깥쪽 계층들은 다른 서드파티 컴포넌트에 어댑터를 제공할 수 있다.

---

7 (옮긴이) 클린 아키텍처 계열에서 도메인 계층과 애플리케이션 계층을 합쳐 application core(애플리케이션 코어)라 부르기 때문에 '중심부'나 '핵심' 등으로 번역하지 않고 원문 그대로 '코어'로 음차했습니다.

도메인 코드에서는 어떤 영속성 프레임워크나 UI 프레임워크가 사용되는지 알 수 없기 때문에 특정 프레임워크에 특화된 코드를 가질 수 없고 비즈니스 규칙에 집중할 수 있다. 그래서 도메인 코드를 자유롭게 모델링할 수 있다. 예를 들어, 도메인 주도 설계(Domain-Driven Design, DDD)[8]를 가장 순수한 형태로 적용해볼 수도 있다. 영속성이나 UI에 특화된 문제를 신경 쓰지 않아도 된다면 이렇게 하기가 굉장히 수월해진다.

짐작했을지도 모르지만 클린 아키텍처에는 대가가 따른다. 도메인 계층이 영속성이나 UI 같은 외부 계층과 철저하게 분리돼야 하므로 애플리케이션의 엔티티에 대한 모델을 각 계층에서 유지보수해야 한다.

가령 영속성 계층에서 ORM(object-relational mapping, 객체-관계 매핑) 프레임워크를 사용한다고 해보자. 일반적으로 ORM 프레임워크는 데이터베이스 구조 및 객체 필드와 데이터베이스 칼럼의 매핑을 서술한 메타데이터를 담고 있는 엔티티 클래스를 필요로 한다. 도메인 계층은 영속성 계층을 모르기 때문에 도메인 계층에서 사용한 엔티티 클래스를 영속성 계층에서 함께 사용할 수 없고 두 계층에서 각각 엔티티를 만들어야 한다. 즉, 도메인 계층과 영속성 계층이 데이터를 주고받을 때, 두 엔티티를 서로 변환해야 한다는 뜻이다. 이는 도메인 계층과 다른 계층들 사이에서도 마찬가지다.

하지만 이것은 바람직한 일이다. 이것이 바로 도메인 코드를 프레임워크에 특화된 문제로부터 해방시키기고자 했던, 결합이 제거된 상태다. 가령 Java Persistence API(자바 세계의 표준 ORM-API)에서는 ORM이 관리하는 엔티티에 인자가 없는 기본 생성자를 추가하도록 강제한다. 이것이 바로 도메인 모델에는 포함해서는 안 될 프레임워크에 특화된 결합의 예다. 8장에서는 도메인 계층과 영속성 계층의 결합을 그대로 수용하는 '매핑하지 않기' 전략을 비롯한 여러 매핑 전략에 대해 살펴보겠다.

로버트 C. 마틴의 클린 아키텍처는 다소 추상적이기 때문에 조금 더 깊게 들어가서 클린 아키텍처의 원칙들을 조금 더 구체적으로 만들어주는 '육각형 아키텍처'에 대해 살펴보자.

---

8 (옮긴이) 비즈니스 도메인에 맞춰 구조와 코드를 짜는 설계 방식(https://en.wikipedia.org/wiki/Domain-driven_design)

육각형 아키텍처(헥사고날 아키텍처[9])

'육각형 아키텍처'라는 용어는 알리스테어 콕번이 만든 용어로, 꽤 오랫동안 사용돼 왔다 ('육각형 아키텍처'라는 용어의 주요 출처는 알리스테어 콕번의 블로그 글[10]이다). 이 아키텍처는 나중에 로버트 C. 마틴이 **클린 아키텍처**에서 좀 더 일반적인 용어로 설명한 것과 동일한 원칙을 적용한다.

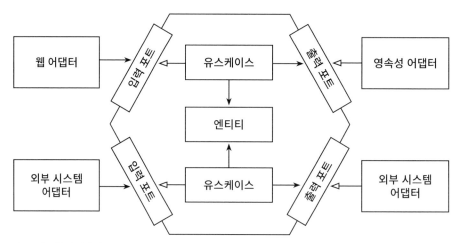

그림 2.4 육각형 아키텍처는 애플리케이션 코어가 각 어댑터와 상호작용하기 위해 특정 포트를 제공하기 때문에 '포트와 어댑터'(ports–and–adapters) 아키텍처라고도 불린다.

그림 2.4는 육각형 아키텍처가 어떤 모양인지 보여준다. 애플리케이션 코어가 육각형으로 표현되어 이 아키텍처의 이름이 됐다. 육각형 모양은 사실 아무 의미도 없다. 팔각형으로 그리고 '팔각형 아키텍처'라고 불러도 상관없다. 전설에 따르면 애플리케이션이 다른 시스템이나 어댑터와 연결되는 4개 이상의 면을 가질 수 있음을 보여주기 위해 일반적인 사각형 대신 육각형을 사용했다고 한다.

---

9 (옮긴이) 우리나라에서는 '헥사고날 아키텍처'라고 음차해서 많이들 사용합니다. 하지만 이 책에서는 아키텍처를 추상적으로 표현한 그림을 여러 차례에 걸쳐 육각형으로 보여주고 있으므로 음차하는 대신 조금 더 명확하게 육각형 아키텍처라는 용어를 사용했습니다.

10 https://alistair.cockburn.us/hexagonal–architecture/

육각형 안에는 도메인 엔티티와 이와 상호작용하는 유스케이스가 있다. 육각형에서 외부로 향하는 의존성이 없기 때문에 마틴이 클린 아키텍처에서 제시한 의존성 규칙이 그대로 적용된다는 점을 주목하자. 대신 모든 의존성은 코어를 향한다.

육각형 바깥에는 애플리케이션과 상호작용하는 다양한 어댑터들이 있다. 웹 브라우저와 상호작용하는 웹 어댑터도 있고, 일부 어댑터는 외부 시스템과 상호작용하며, 데이터베이스와 상호 작용하는 어댑터도 있다.

왼쪽에 있는 어댑터들은 (애플리케이션 코어를 호출하기 때문에) 애플리케이션을 주도하는 어댑터들이다. 반면 오른쪽에 있는 어댑터들은 (애플리케이션 코어에 의해 호출되기 때문에) 애플리케이션에 의해 주도되는 어댑터들이다.

애플리케이션 코어와 어댑터들 간의 통신이 가능하려면 애플리케이션 코어가 각각의 포트를 제공해야 한다. 주도하는 어댑터(driving adapter)에게는 그러한 포트가 코어에 있는 유스케이스 클래스 중 하나에 의해 구현되고 어댑터에 의해 호출되는 인터페이스가 될 것이고, 주도되는 어댑터(driven adapter)에게는 그러한 포트가 어댑터에 의해 구현되고 코어에 의해 호출되는 인터페이스가 될 것이다.

이러한 핵심 개념으로 인해 이 아키텍처 스타일은 '포트와 어댑터(ports-and-adapters)' 아키텍처로도 알려져 있다. 클린 아키텍처처럼 육각형 아키텍처도 계층으로 구성할 수 있다. 가장 바깥쪽에 있는 계층은 애플리케이션과 다른 시스템 간의 번역을 담당하는 어댑터로 구성돼 있다. 다음으로 포트와 유스케이스 구현체를 결합해서 애플리케이션 계층을 구성할 수 있는데, 이 두 가지가 애플리케이션의 인터페이스를 정의하기 때문이다. 마지막 계층에는 도메인 엔티티가 위치한다.

다음 장에서는 코드를 통해 이러한 아키텍처를 구성하는 방법을 알아보겠다.

유지보수 가능한 소프트웨어를 만드는 데 어떻게 도움이 될까?

클린 아키텍처, 육각형 아키텍처, 혹은 포트와 어댑터 아키텍처 중 무엇으로 불리든 의존성을 역전시켜 도메인 코드가 다른 바깥쪽 코드에 의존하지 않게 함으로써 영속성과 UI에 특화된 모든 문제로부터 도메인 로직의 결합을 제거하고 코드를 변경할 이유의 수를 줄일 수 있다. 그리고 변경할 이유가 적을수록 유지보수성은 더 좋아진다.

또한 도메인 코드는 비즈니스 문제에 딱 맞도록 자유롭게 모델링될 수 있고, 영속성 코드와 UI 코드도 영속성 문제와 UI 문제에 맞게 자유롭게 모델링될 수 있다.

이 책의 나머지 부분에서는 웹 애플리케이션에 육각형 아키텍처 스타일을 적용할 것이다. 애플리케이션 패키지 구조를 만들고 의존성 주입의 역할에 대해 논의하는 것부터 시작해보자.

03

코드 구성하기

코드를 보는 것만으로도 어떤 아키텍처인지 파악할 수 있다면 좋지 않을까?

이번 장에서는 코드를 구성하는 몇 가지 방법을 살펴보고, 육각형 아키텍처를 직접적으로 반영하는 표현력 있는 패키지 구조를 소개하겠다.

새 프로젝트에서 가장 먼저 제대로 만들려고 하는 것은 패키지 구조다. 프로젝트에서 계속 사용할 괜찮아 보이는 구조를 잡는다. 그러고 나서 프로젝트가 진행될수록 점점 바빠지고 패키지 구조는 짜임새 없는 엉망진창 코드를 그럴싸하게 보이게 만드는 껍데기일 뿐이라는 점을 깨닫게 된다. 한 패키지에 있는 클래스들이 불러오지(import) 말아야 할 다른 패키지에 있는 클래스들을 불러오게 된다.

지금부터 이 책의 서문에서 소개했던 BuckPal 예제 코드를 구조화하기 위한 여러 가지 방법들을 살펴보겠다. 조금 더 구체적으로 설명하자면 사용자가 본인의 계좌에서 다른 계좌로 돈을 송금할 수 있는 '송금하기' 유스케이스를 살펴보겠다.

계층으로 구성하기

코드를 구조화하는 첫 번째 접근법은 계층을 이용하는 것으로서, 다음과 같이 코드를 구성할 수 있다.

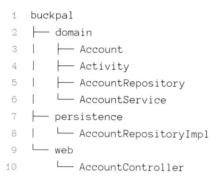

```
1  buckpal
2  ├── domain
3  │   ├── Account
4  │   ├── Activity
5  │   ├── AccountRepository
6  │   └── AccountService
7  ├── persistence
8  │   └── AccountRepositoryImpl
9  └── web
10     └── AccountController
```

그림 3.1 계층으로 코드를 구성하면 기능적인 측면들이 섞이기 쉽다.

웹 계층, 도메인 계층, 영속성 계층 각각에 대해 전용 패키지인 web, domain, persistence를 뒀다. 1장에서 이야기한 것처럼 여러 가지 이유로 간단한 구조의 계층은 가장 적합한 구조가 아닐 수 있다. 그래서 이번에는 먼저 의존성 역전 원칙을 적용해서 의존성이 domain 패키지에 있는 도메인 코드만을 향하도록 해뒀다. 여기서는 domain 패키지에 AccountRepository 인터페이스를 추가하고, persistence 패키지에 AccountRepositoryImpl 구현체를 둠으로써 의존성을 역전시켰다.

그러나 적어도 세 가지 이유로 이 패키지 구조는 최적의 구조가 아니다.

첫 번째로, 애플리케이션의 기능 조각(functional slice)이나 특성(feature)을 구분 짓는 패키지 경계가 없다. 이 구조에서 사용자를 관리하는 기능을 추가해야 한다면 web 패키지에 UserController를 추가하고, domain 패키지에 UserService, UserRepository, User를 추가하고 persistence 패키지에 UserRepositoryImpl을 추가하게 될 것이다. 추가적인 구조가 없다면, 아주 빠르게 서로 연관되지 않은 기능들끼리 예상하지 못한 부수효과를 일으킬 수 있는 클래스들의 엉망진창 묶음으로 변모할 가능성이 크다.

두 번째로, 애플리케이션이 어떤 유스케이스들을 제공하는지 파악할 수 없다. AccountService와 AccountController가 어떤 유스케이스를 구현했는지 파악할 수 있겠는가? 특정 기능을 찾기 위해서는 어떤 서비스가 이를 구현했는지 추측해야 하고, 해당 서비스 내의 어떤 메서드가 그에 대한 책임을 수행하는지 찾아야 한다.

비슷하게, 패키지 구조를 통해서는 우리가 목표로 하는 아키텍처를 파악할 수 없다. 육각형 아키텍처 스타일을 따랐다고 추측할 수는 있고, 그렇기 때문에 웹 어댑터와 영속성 어댑터를 찾기 위해 web, persistence 패키지의 클래스들을 조사해볼 수 있다. 하지만 어떤 기능이 웹 어댑터에서 호출되는지, 영속성 어댑터가 도메인 계층에 어떤 기능을 제공하는지 한눈에 알아볼 수 없다. 인커밍(incoming) 포트와 아웃고잉(outgoing) 포트[11]가 코드 속에 숨겨져 있다.

기능으로 구성하기

'계층으로 구성하기' 방법의 몇 가지 문제를 해결해보자.

다음 접근법은 예제 코드를 기능으로 구성한 것이다.

```
1  buckpal
2  └─ account
3        ├─ Account
4        ├─ AccountController
5        ├─ AccountRepository
6        ├─ AccountRepositoryImpl
7        └─ SendMoneyService
```

그림 3.2 기능을 기준으로 코드를 구성하면 기반 아키텍처가 명확하게 보이지 않는다.

---

[11] (옮긴이) 인커밍 포트는 외부로부터 값을 전달받는 포트를, 아웃고잉 포트는 외부로 값을 내보내는 포트를 의미합니다. 번역했을 경우 한 문장에 형용사가 너무 많아져서 가독성이 떨어지는 문장들이 많다고 판단해서 음차했습니다.

가장 본질적인 변경은 계좌와 관련된 모든 코드를 최상위의 **account** 패키지에 넣었다는 점이다. 계층 패키지들도 없었다.

각 기능을 묶은 새로운 그룹은 account와 같은 레벨의 새로운 패키지로 들어가고, 패키지 외부에서 접근되면 안 되는 클래스들에 대해 package-private 접근 수준을 이용해 패키지 간의 경계를 강화할 수 있다.

패키지 경계를 package-private 접근 수준과 결합하면 각 기능 사이의 불필요한 의존성을 방지할 수 있다.

또한 AccountService의 책임을 좁히기 위해 SendMoneyService로 클래스명을 바꿨다 (이는 계층에 의한 패키지 구조 방식에서도 할 수 있긴 했다). 이제 '송금하기' 유스케이스를 구현한 코드는 클래스명만으로도 찾을 수 있게 됐다. 애플리케이션의 기능을 코드를 통해 볼 수 있게 만드는 것을 가리켜 로버트 마틴이 '소리치는 아키텍처'(screaming architecture)라고 명명한 바 있다. 왜냐하면 코드가 그 의도를 우리에게 소리치고 있기 때문이다.[12]

그러나 기능에 의한 패키징 방식은 사실 계층에 의한 패키징 방식보다 아키텍처의 **가시성을 훨씬 더 떨어뜨린다**. 어댑터를 나타내는 패키지명이 없고, 인커밍 포트, 아웃고잉 포트를 확인할 수 없다. 심지어 도메인 코드와 영속성 코드 간의 의존성을 역전시켜서 SendMoneyService가 AccountRepository 인터페이스만 알고 있고 구현체는 알 수 없도록 했음에도 불구하고, package-private 접근 수준을 이용해 도메인 코드가 실수로 영속성 코드에 의존하는 것을 막을 수 없다.

그럼 한눈에 파악하기 쉬운 아키텍처는 어떻게 만들 수 있을까? 그림 2.4와 같은 아키텍처 다이어그램에서 어떤 박스를 가리켰을 때 코드의 어떤 부분이 해당 박스를 책임지는 지를 바로 알 수 있다면 좋을 것이다.

이를 위해 한걸음 더 나아가 표현력 있는 패키지 구조를 만들어 보자.

---

12 《클린 아키텍처》, 21장

아키텍처적으로 표현력 있는 패키지 구조

육각형 아키텍처에서 구조적으로 핵심적인 요소는 엔티티, 유스케이스, 인커밍/아웃고잉 포트, 인커밍/아웃고잉(혹은 주도하거나 주도되는) 어댑터다. 이 요소들을 예제 애플리케이션의 아키텍처를 표현하는 패키지 구조로 구성해 보자.

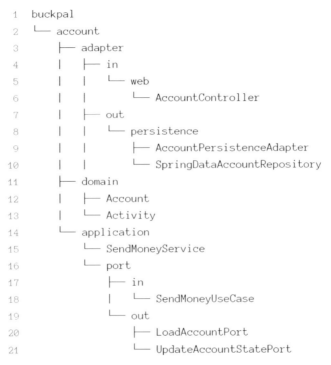

```
1   buckpal
2   └─ account
3      ├─ adapter
4      │  ├─ in
5      │  │  └─ web
6      │  │        └─ AccountController
7      │  ├─ out
8      │  │  └─ persistence
9      │  │        ├─ AccountPersistenceAdapter
10     │  │        └─ SpringDataAccountRepository
11     ├─ domain
12     │  ├─ Account
13     │  └─ Activity
14     └─ application
15           └─ SendMoneyService
16           └─ port
17              ├─ in
18              │  └─ SendMoneyUseCase
19              └─ out
20                 ├─ LoadAccountPort
21                 └─ UpdateAccountStatePort
```

그림 3.3 아키텍처적으로 표현력 있는 패키지 구조에서는 각 아키텍처 요소들에 정해진 위치가 있다.

구조의 각 요소들은 패키지 하나씩에 직접 매핑된다. 최상위에는 Account와 관련된 유스케이스를 구현한 모듈임을 나타내는 account 패키지가 있다.

그다음 레벨에는 도메인 모델이 속한 domain 패키지가 있다. application 패키지는 도메인 모델을 둘러싼 서비스 계층을 포함한다. SendMoneyService는 인커밍 포트 인터페이스인 SendMoneyUseCase를 구현하고, 아웃고잉 포트 인터페이스이자 영속성 어댑터에 의해 구현된 LoadAccountPort와 UpdateAccountStatePort를 사용한다.

adapter 패키지는 애플리케이션 계층의 인커밍 포트를 호출하는 인커밍 어댑터와 애플리케이션 계층의 아웃고잉 포트에 대한 구현을 제공하는 아웃고잉 어댑터를 포함한다. BuckPal 예제의 경우 각각의 하위 패키지를 가진 web 어댑터와 persistence 어댑터로 이뤄진 간단한 웹 애플리케이션이 된다.

휴, 정리하고 보니 아주 기술적으로 들리는 패키지 구조다. 조금 헷갈리지 않는가?

이러한 육각형 아키텍처를 고수준으로 표현한 그림이 사무실 벽에 걸려 있고, 이 그림을 보면서 현재 사용 중인 서드파티 API에 대한 클라이언트를 변경하는 작업에 대해 동료와 이야기를 나눈다고 상상해보자. 그 과정에서 서로간의 이해를 돕기 위해 그 부분에 해당하는 아웃고잉 어댑터를 그림에서 가리킬 수 있다. 그러고 나서 이야기를 끝냈을 때, IDE 앞에 앉아서 클라이언트를 변경하는 작업을 바로 시작할 수 있다. 해당 API 클라이언트의 코드는 adapter/out/<어댑터 이름> 패키지에서 곧바로 찾을 수 있기 때문이다.

헷갈리기보다는 도움이 되지 않는가?

이 패키지 구조는 이른바 '아키텍처-코드 갭'(architecture-code gap) 혹은 '모델-코드 갭'(model-code gap)[13]을 효과적으로 다룰 수 있는 강력한 요소다. 이러한 용어는 대부분의 소프트웨어 개발 프로젝트에서 아키텍처가 코드에 직접적으로 매핑될 수 없는 추상적 개념이라는 사실을 보여준다. 만약 패키지 구조가 아키텍처를 반영할 수 없다면 시간이 지남에 따라 코드는 점점 목표하던 아키텍처로부터 멀어지게 될 것이다.

또한 이처럼 표현력 있는 패키지 구조는 아키텍처에 대한 적극적인 사고를 촉진한다. 많은 패키지가 생기고, 현재 작업 중인 코드를 어떤 패키지에 넣어야 할지 계속 생각해야 하기 때문이다.

그런데 패키지가 아주 많다는 것은 모든 것을 public으로 만들어서 패키지 간의 접근을 허용해야 한다는 것을 의미하는 게 아닐까?

---

13 《Just Enough Software Architecture》, 조지 페어뱅크스(George Fairbanks), 167쪽

적어도 어댑터 패키지에 대해서는 그렇지 않다. 이 패키지에 들어 있는 모든 클래스들은 application 패키지 내에 있는 포트 인터페이스를 통하지 않고는 바깥에서 호출되지 않기 때문에 package-private 접근 수준으로 둬도 된다. 그러므로 애플리케이션 계층에서 어댑터 클래스로 향하는 우발적인 의존성은 있을 수 없다.

하지만 application 패키지와 domain 패키지 내의 일부 클래스들은 public으로 지정해야 한다. 의도적으로 어댑터에서 접근 가능해야 하는 포트들은 public이어야 한다. 도메인 클래스들은 서비스, 그리고 잠재적으로는 어댑터에서도 접근 가능하도록 public이어야 한다. 서비스는 인커밍 포트 인터페이스 뒤에 숨겨질 수 있기 때문에 public일 필요가 없다.

어댑터 코드를 자체 패키지로 이동시키면 필요할 경우 하나의 어댑터를 다른 구현으로 쉽게 교체할 수 있다는 장점도 있다. 예를 들어, 최종적으로 어떤 데이터베이스가 적절할지 확실하지 않아서 간단한 키-밸류 데이터베이스로 개발을 시작했는데, SQL 데이터베이스로 교체해야 한다고 가정해보자. 간단하게 관련 아웃고잉 포트들만 새로운 어댑터 패키지에 구현하고 기존 패키지를 지우면 된다.

이 패키지 구조의 또 다른 매력적인 장점은 DDD 개념에 직접적으로 대응시킬 수 있다는 점이다. 예제 코드에서 account 같은 상위 레벨 패키지는 다른 바운디드 컨텍스트(bounded context)[14]와 통신할 전용 진입점과 출구(포트)를 포함하는 바운디드 컨텍스트에 해당한다. domain 패키지 내에서는 DDD가 제공하는 모든 도구를 이용해 우리가 원하는 어떤 도메인 모델이든 만들 수 있다.

모든 구조와 마찬가지로 패키지 구조를 소프트웨어 프로젝트 내내 유지하기 위해서는 지켜야 할 규칙이 있다. 또한 패키지 구조가 적합하지 않아서 어쩔 수 없이 아키텍처-코드 갭을 넓히고 아키텍처를 반영하지 않는 패키지를 만들어야 하는 경우도 생길 수 있다.

완벽한 방법은 없다. 그러나 표현력 있는 패키지 구조는 적어도 코드와 아키텍처 간의 갭을 줄일 수 있게 해준다.

---

14 (옮긴이) DDD의 핵심 패턴으로, 어떤 하나의 도메인 모델이 적용될 수 있는 범위를 의미합니다. (참고: 《도메인 주도 설계》(위키북스, 2011), 361쪽)

의존성 주입의 역할

앞에서 설명한 패키지 구조가 클린 아키텍처에 도움이 되기는 하지만, 클린 아키텍처의 가장 본질적인 요건은 2장에서 배웠듯이 애플리케이션 계층이 인커밍/아웃고잉 어댑터에 의존성을 갖지 않는 것이다.

예제 코드의 웹 어댑터와 같이 인커밍 어댑터에 대해서는 그렇게 하기가 쉽다. 제어 흐름의 방향이 어댑터와 도메인 코드 간의 의존성 방향과 같은 방향이기 때문이다. 어댑터는 그저 애플리케이션 계층에 위치한 서비스를 호출할 뿐이다. 그럼에도 불구하고 애플리케이션 계층으로의 진입점을 구분 짓기 위해 실제 서비스를 포트 인터페이스들 사이에 숨겨두고 싶을 수 있다.

예제 코드의 영속성 어댑터와 같이 아웃고잉 어댑터에 대해서는 제어 흐름의 반대 방향으로 의존성을 돌리기 위해 의존성 역전 원칙을 이용해야 한다.

이것이 어떤 식으로 동작하는지는 이미 앞에서 살펴봤다. 애플리케이션 계층에 인터페이스를 만들고 어댑터에 해당 인터페이스를 구현한 클래스를 두면 된다. 육각형 아키텍처에서는 이 인터페이스가 포트다. 그림 3.4와 같이 애플리케이션 계층은 어댑터의 기능을 실행하기 위해 이 포트 인터페이스를 호출한다.

그런데 포트 인터페이스를 구현한 실제 객체를 누가 애플리케이션 계층에 제공해야 할까? 포트를 애플리케이션 계층 안에서 수동으로 초기화하고 싶지는 않다. 애플리케이션 계층에 어댑터에 대한 의존성을 추가하고 싶지는 않기 때문이다.

이 부분에서 의존성 주입을 활용할 수 있다. 모든 계층에 의존성을 가진 중립적인 컴포넌트를 하나 도입하는 것이다. 이 컴포넌트는 아키텍처를 구성하는 대부분의 클래스를 초기화하는 역할을 한다.

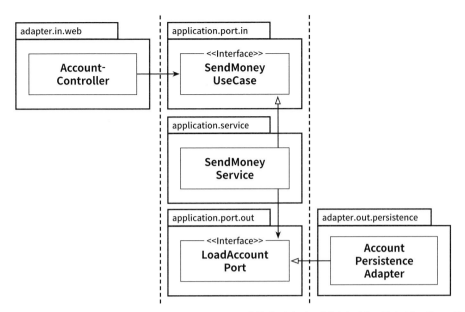

그림 3.4 웹 컨트롤러가 서비스에 의해 구현된 인커밍 포트를 호출한다. 서비스는 어댑터에 의해 구현된 아웃고잉 포트를 호출한다.

앞의 그림 3.4에서 중립적인 의존성 주입 컴포넌트는 AccountController, SendMoney Service, AccountPersistenceAdapter 클래스의 인스턴스를 만들 것이다. Account Controller가 SendMoneyUseCase 인터페이스를 필요로 하기 때문에 의존성 주입을 통해 SendMoneyService 클래스의 인스턴스를 주입한다. 컨트롤러는 인터페이스만 알면 되기 때문에 자신이 SendMoneyService 인스턴스를 실제로 가지고 있는지도 모른다.

이와 비슷하게 SendMoneyService 인스턴스를 만들 때도 의존성 주입 메커니즘이 LoadAccountPort 인터페이스로 가장한 AccountPersistenceAdapter 클래스의 인스턴스를 주입할 것이다.

9장에서 스프링 프레임워크를 이용해 애플리케이션을 초기화하는 방법에 대해 좀 더 살펴보겠다.

유지보수 가능한 소프트웨어를 만드는 데 어떻게 도움이 될까?

이번 장에서는 실제 코드 구조를 최대한 우리가 목표로 하는 아키텍처에 가깝게 만들어 주는 육각형 아키텍처의 패키지 구조를 살펴봤다. 코드에서 아키텍처의 특정 요소를 찾으려면 이제 아키텍처 다이어그램의 박스 이름을 따라 패키지 구조를 탐색하면 된다. 이로써 의사소통, 개발, 유지보수 모두가 조금 더 수월해진다.

다음 장에서는 애플리케이션 계층, 웹 어댑터, 영속성 어댑터를 이용해서 유스케이스를 하나 구현하면서 패키지 구조와 의존성 주입에 대해 조금 더 자세히 살펴보겠다.

04

유스케이스 구현하기

드디어 앞에서 논의한 아키텍처를 어떻게 실제 코드로 구현할지 살펴보자.

애플리케이션, 웹, 영속성 계층이 현재 아키텍처에서 아주 느슨하게 결합돼 있기 때문에 필요한 대로 도메인 코드를 자유롭게 모델링할 수 있다. DDD를 할 수도 있고, 풍부하거나(rich) 빈약한(anemic) 도메인 모델을 구현할 수도 있고, 우리만의 방식을 만들어 낼 수도 있다.

이번 장에서는 앞에서 소개한 육각형 아키텍처 스타일에서 유스케이스를 구현하기 위해 이 책에서 제시하는 방법을 설명한다.

육각형 아키텍처는 도메인 중심의 아키텍처에 적합하기 때문에 도메인 엔티티를 만드는 것으로 시작한 후 해당 도메인 엔터티를 중심으로 유스케이스를 구현하겠다.

도메인 모델 구현하기

한 계좌에서 다른 계좌로 송금하는 유스케이스를 구현해보자. 이를 객체지향적인 방식으로 모델링하는 한 가지 방법은 입금과 출금을 할 수 있는 Account 엔티티를 만들고 출금 계좌에서 돈을 출금해서 입금 계좌로 돈을 입금하는 것이다.

```java
package buckpal.domain;

public class Account {

  private AccountId id;
  private Money baselineBalance;
  private ActivityWindow activityWindow;

  // 생성자와 getter는 생략

  public Money calculateBalance() {
    return Money.add(
      this.baselineBalance,
      this.activityWindow.calculateBalance(this.id));
  }

  public boolean withdraw(Money money, AccountId targetAccountId) {
    if (!mayWithdraw(money)) {
      return false;
    }

    Activity withdrawal = new Activity(
      this.id,
      this.id,
      targetAccountId,
      LocalDateTime.now(),
      money);
```

```
    this.activityWindow.addActivity(withdrawal);
    return true;
  }


  private boolean mayWithdraw(Money money) {
    return Money.add(
      this.calculateBalance(),
      money.negate())
    .isPositive();
  }


  public boolean deposit(Money money, AccountId sourceAccountId) {
    Activity deposit = new Activity(
      this.id,
      sourceAccountId,
      this.id,
      LocalDateTime.now(),
      money);
    this.activityWindow.addActivity(deposit);
    return true;
  }
}
```

Account 엔티티는 실제 계좌의 현재 스냅숏을 제공한다. 계좌에 대한 모든 입금과 출금
은 Activity 엔티티에 포착된다. 한 계좌에 대한 **모든** 활동(activity)들을 항상 메모리에
한꺼번에 올리는 것은 현명한 방법이 아니기 때문에 Account 엔티티는 ActivityWindow
값 객체(value object)에서 포착한 지난 며칠 혹은 몇 주간의 범위에 해당하는 활동만 보
유한다.

계좌의 현재 잔고를 계산하기 위해서 Account 엔티티는 활동창(activity window)[15]의 첫 번째 활동 바로 전의 잔고를 표현하는 baselineBalance 속성을 가지고 있다. 현재 총 잔고는 기준 잔고(baselineBalance)에 활동창의 모든 활동들의 잔고를 합한 값이 된다.

이 모델 덕분에 계좌에서 일어나는 입금과 출금은 각각 withdraw()와 deposit() 메서드에서처럼 새로운 활동을 활동창에 추가하는 것에 불과하다. 출금하기 전에는 잔고를 초과하는 금액은 출금할 수 없도록 하는 비즈니스 규칙을 검사한다.

이제 입금과 출금을 할 수 있는 Account 엔티티가 있으므로 이를 중심으로 유스케이스를 구현하기 위해 바깥 방향으로 나아갈 수 있다.

유스케이스 둘러보기

먼저, 유스케이스가 실제로 무슨 일을 하는지 살펴보자. 일반적으로 유스케이스는 다음과 같은 단계를 따른다.

- **01.** 입력을 받는다
- **02.** 비즈니스 규칙을 검증한다
- **03.** 모델 상태를 조작한다
- **04.** 출력을 반환한다

유스케이스는 인커밍 어댑터로부터 입력을 받는다. 이 단계를 왜 '입력 유효성 검증'으로 부르지 않는지 의아할 수도 있다. 나는 유스케이스 코드가 도메인 로직에만 신경 써야 하고 입력 유효성 검증으로 오염되면 안 된다고 생각한다. 그래서 입력 유효성 검증은 곧 살펴볼 다른 곳에서 처리한다.

---

15 (옮긴이) 현재 계좌의 전체 계좌 활동 리스트에서 특정 범위의 계좌 활동만 볼 수 있는 '창'을 의미합니다.

그러나 유스케이스는 **비즈니스 규칙**(business rule)을 검증할 책임이 있다. 그리고 도메인 엔티티와 이 책임을 공유한다. 이번 장의 후반부에서 입력 유효성 검증과 비즈니스 규칙 검증의 차이점에 대해 살펴보겠다.

비즈니스 규칙을 충족하면 유스케이스는 입력을 기반으로 어떤 방법으로든 모델의 상태를 변경한다. 일반적으로 도메인 객체의 상태를 바꾸고 영속성 어댑터를 통해 구현된 포트로 이 상태를 전달해서 저장될 수 있게 한다. 유스케이스는 또 다른 아웃고잉 어댑터를 호출할 수도 있다.

마지막 단계는 아웃고잉 어댑터에서 온 출력값을, 유스케이스를 호출한 어댑터로 반환할 출력 객체로 변환하는 것이다.

이 단계들을 염두에 두고 '송금하기' 유스케이스를 구현하는 방법을 살펴보자.

1장에서 이야기한 넓은 서비스 문제를 피하기 위해서 모든 유스케이스를 한 서비스 클래스에 모두 넣지 않고 각 유스케이스별로 분리된 각각의 서비스로 만들겠다.

맛보기 코드를 한번 보자.

```java
package buckpal.application.service;

@RequiredArgsConstructor
@Transactional
public class SendMoneyService implements SendMoneyUseCase {

  private final LoadAccountPort loadAccountPort;
  private final AccountLock accountLock;
  private final UpdateAccountStatePort updateAccountStatePort;

  @Override
  public boolean sendMoney(SendMoneyCommand command) {
    // TODO: 비즈니스 규칙 검증
    // TODO: 모델 상태 조작
```

```
    // TODO: 출력 값 반환
  }
}
```

서비스는 인커밍 포트 인터페이스인 SendMoneyUseCase를 구현하고, 계좌를 불러오기 위해 아웃고잉 포트 인터페이스인 LoadAccountPort를 호출한다. 그리고 데이터베이스의 계좌 상태를 업데이트하기 위해 UpdateAccountStatePort를 호출한다. 그림 4.1은 이와 관련된 컴포넌트들을 나타낸 것이다.

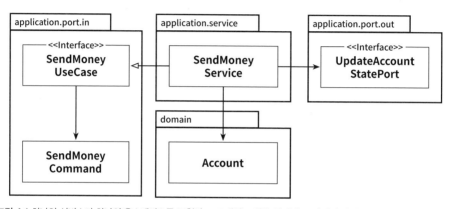

그림 4.1 하나의 서비스가 하나의 유스케이스를 구현하고, 도메인 모델을 변경하고, 변경된 상태를 저장하기 위해 아웃고잉 포트를 호출한다.

앞의 코드에서 //TODO로 남겨둔 부분을 살펴보자.

입력 유효성 검증

앞에서 입력 유효성 검증은 유스케이스 클래스의 책임이 아니라고 이야기하긴 했지만, 여전히 이 작업은 애플리케이션 계층의 책임에 해당하기 때문에 지금 논의하는 게 적절할 것 같다.

호출하는 어댑터가 유스케이스에 입력을 전달하기 전에 입력 유효성을 검증하면 어떨까? 음, 과연 유스케이스에서 필요로 하는 것을 호출자(caller)가 모두 검증했다고 믿을 수 있을까? 또, 유스케이스는 하나 이상의 어댑터에서 호출될 텐데, 그러면 유효성 검증을 각 어댑터에서 전부 구현해야 한다. 그럼 그 과정에서 실수할 수도 있고, 유효성 검증을 해야 한다는 사실을 잊어버리게 될 수도 있다.

애플리케이션 계층에서 입력 유효성을 검증해야 하는 이유는, 그렇게 하지 않을 경우 애플리케이션 코어의 바깥쪽으로부터 유효하지 않은 입력값을 받게 되고, 모델의 상태를 해칠 수 있기 때문이다.

유스케이스 클래스가 아니라면 도대체 어디에서 입력 유효성을 검증해야 할까?

입력 모델(input model)이 이 문제를 다루도록 해보자. '송금하기' 유스케이스에서 입력 모델은 예제 코드에서 본 SendMoneyCommand 클래스다. 더 정확히 말하자면 생성자 내에서 입력 유효성을 검증할 것이다.

```
package buckpal.application.port.in;

@Getter
public class SendMoneyCommand {

  private final AccountId sourceAccountId;
  private final AccountId targetAccountId;
  private final Money money;

  public SendMoneyCommand(
        AccountId sourceAccountId,
        AccountId targetAccountId,
        Money money) {
    this.sourceAccountId = sourceAccountId;
    this.targetAccountId = targetAccountId;
    this.money = money;
```

```
    requireNonNull(sourceAccountId);
    requireNonNull(targetAccountId);
    requireNonNull(money);
    requireGreaterThan(money, 0);
  }
}
```

송금을 위해서는 출금 계좌와 입금 계좌의 ID, 송금할 금액이 필요하다. 모든 파라미터가 null이 아니어야 하고 송금액은 0보다 커야 한다. 이러한 조건 중 하나라도 위배되면 객체를 생성할 때 예외를 던져서 객체 생성을 막으면 된다.

SendMoneyCommand의 필드에 final을 지정해 불변 필드로 만들었다. 따라서 일단 생성에 성공하고 나면 상태는 유효하고 이후에 잘못된 상태로 변경할 수 없다는 사실을 보장할 수 있다.

SendMoneyCommand는 유스케이스 API의 일부이기 때문에 인커밍 포트 패키지에 위치한다. 그러므로 유효성 검증이 애플리케이션의 코어(육각형 아키텍처의 육각형 내부)에 남아있지만 신성한 유스케이스 코드를 오염시키지는 않는다.

그런데 이런 귀찮은 작업들을 대신해 줄 수 있는 도구가 이미 있는데 굳이 모든 유효성 검증을 직접 구현해야 할까? 자바 세계에는 Bean Validation API[16]가 이러한 작업을 위한 사실상의 표준 라이브러리다. 이 API를 이용하면 필요한 유효성 규칙들을 필드의 애너테이션으로 표현할 수 있다.

```
package buckpal.application.port.in;

@Getter
public class SendMoneyCommand extends SelfValidating<SendMoneyCommand> {
```

---

16 https://beanvalidation.org

```
@NotNull
private final Account.AccountId sourceAccountId;
@NotNull
private final Account.AccountId targetAccountId;
@NotNull
private final Money;

public SendMoneyCommand(
        Account.AccountId sourceAccountId,
        Account.AccountId targetAccountId,
        Money money) {
    this.sourceAccountId = sourceAccountId;
    this.targetAccountId = targetAccountId;
    this.money = money;
    requireGreaterThan(money, 0);
    this.validateSelf();
  }
}
```

SelfValidating 추상 클래스는 validateSelf() 메서드를 제공하며, 생성자 코드의 마지막 문장에서 이 메서드를 호출하고 있다. 이 메서드가 필드에 지정된 Bean Validation 애너테이션(@NonNull 같은)을 검증하고, 유효성 검증 규칙을 위반한 경우 예외를 던진다. Bean Validation이 특정 유효성 검증 규칙을 표현하기에 충분하지 않다면 송금액이 0보다 큰지 검사했던 것처럼 직접 구현할 수도 있다.

SelfValidating 클래스의 구현은 다음과 같다.

```
package shared;

public abstract class SelfValidating<T> {

  private Validator;
```

```
public SelfValidating(){
  ValidatorFactory factory = Validation.buildDefaultValidatorFactory();
  validator = factory.getValidator();
}

protected void validateSelf() {
  Set<ConstraintViolation<T>> violations = validator.validate((T) this);
  if (!violations.isEmpty()) {
    throw new ConstraintViolationException(violations);
  }
}

}
```

입력 모델에 있는 유효성 검증 코드를 통해 유스케이스 구현체 주위에 사실상 오류 방지 계층(anti corruption layer)[17]을 만들었다. 여기서 말하는 계층은 하위 계층을 호출하는 계층형 아키텍처에서의 계층이 아니라 잘못된 입력을 호출자에게 돌려주는 유스케이스 보호막을 의미한다.

생성자의 힘

앞에서 살펴본 입력 모델인 SendMoneyCommand는 생성자에 많은 책임을 지우고 있다. 클래스가 불변이기 때문에 생성자의 인자 리스트에는 클래스의 각 속성에 해당하는 파라미터들이 포함돼 있다. 그뿐만 아니라 생성자가 파라미터의 유효성 검증까지 하고 있기 때문에 유효하지 않은 상태의 객체를 만드는 것은 불가능하다.

예제 코드의 생성자에는 3개의 파라미터만 있다. 파라미터가 더 많다면 어떻게 해야 할까? 빌더(Builder) 패턴을 활용하면 더 편하게 사용할 수 있지 않을까? 긴 파라미터 리

---

17 (옮긴이) 하나의 바운디드 컨텍스트를 다른 바운디드 컨텍스트와 격리시키는 계층. 출처: 《도메인 주도 설계》(위키북스, 2011), 391쪽

스트를 받아야 하는 생성자를 private으로 만들고 빌더의 build() 메서드 내부에 생성자 호출을 숨길 수 있다. 그러면 파라미터가 20개인 생성자를 호출하는 대신 다음과 같이 객체를 만들 수 있을 것이다.

```
new SendMoneyCommandBuiler()
    .sourceAccountId(new AccountId(41L))
    .targetAccountId(new AccountId(42L))
    // ... 다른 여러 필드를 초기화
    .build();
```

유효성 검증 로직은 생성자에 그대로 둬서 빌더가 유효하지 않은 상태의 객체를 생성하지 못하도록 막을 수 있다.

괜찮은 것 같은가? 그러면 SendMoneyCommandBuiler에 필드를 새로 추가해야 하는 상황을 생각해보자(이는 소프트웨어 프로젝트의 생명주기 동안 꽤나 자주 있는 일이다). 먼저 생성자와 빌더에 새로운 필드를 추가한다. 그런데 갑자기 동료가(혹은 전화나 메일 아니면 나비라도…) 집중을 방해한다. 잠깐 주의를 돌린 후에 다시 코딩하려고 돌아왔는데, **빌더를 호출하는 코드에 새로운 필드를 추가하는 것을 잊고 만다.**

컴파일러는 이처럼 유효하지 않은 상태의 불변 객체를 만들려는 시도에 대해서는 경고해주지 못한다. 물론 런타임에(단위 테스트에서라면 더할나위 없고) 유효성 검증 로직이 동작해서 누락된 파라미터에 대해 에러를 던지긴 하겠지만 말이다.

하지만 빌더 뒤에 숨기는 대신 생성자를 직접 사용했다면 새로운 필드를 추가하거나 필드를 삭제할 때마다 컴파일 에러를 따라 나머지 코드에 변경사항을 반영할 수 있었을 것이다.

긴 파라미터 리스트도 충분히 깔끔하게 포매팅할 수 있고 훌륭한 IDE들은 파라미터명 힌트도 준다.

```
new ClassWithManyFields(
        name: "Donald",
        LocalDate.of( year: 1934, month: 6, dayOfMonth: 9),
        socialSecurityNumber: "1234567",
        birthplace: "Duckburg",
        street: "Duckstreet 42",
        city: "Duckburg",
        zipcode: "12345",
        country: "USA",
        state: "Calisota");
```

그림 4.2 파라미터들을 헷갈리지 않도록 IDE가 파라미터명 힌트를 보여준다.

자, 이 정도면 컴파일러가 우리를 이끌도록 놔둬도 되지 않을까?

유스케이스마다 다른 입력 모델

각기 다른 유스케이스에 동일한 입력 모델을 사용하고 싶은 생각이 들 때가 있다. '계좌 등록하기'와 '계좌 정보 업데이트하기'라는 두 가지 유스케이스를 보자. 둘 모두 거의 똑같은 계좌 상세 정보가 필요하다.

차이점은 '계좌 정보 업데이트하기' 유스케이스는 업데이트할 계좌를 특정하기 위해 계좌 ID 정보를 필요로 하고, '계좌 등록하기' 유스케이스는 계좌를 귀속시킬 소유자의 ID 정보를 필요로 한다는 것이다. 그래서 두 유스케이스에서 같은 입력 모델을 공유할 경우 '계좌 정보 업데이트하기'에서는 소유자 ID에, '계좌 등록하기'에서는 계좌 ID에 null 값을 허용해야 한다.

불변 커맨드 객체의 필드에 대해서 null을 유효한 상태로 받아들이는 것은 그 자체로 코드 냄새(code smell)[18]다. 하지만 더 문제가 되는 부분은 이제 입력 유효성을 어떻게 검증하느냐다. 등록 유스케이스와 업데이트 유스케이스는 서로 다른 유효성 검증 로직이 필요하다. 아마도 유스케이스에 커스텀 유효성 검증 로직을 넣어야 할 테고, 이는 신성한 비즈니스 코드를 입력 유효성 검증과 관련된 관심사로 오염시킨다.

---

18 (옮긴이) 코드에 더 깊은 문제가 있을 수도 있음을 암시하는 특성들

또, 만약 '계좌 등록하기' 유스케이스에서 계좌 ID 필드에 우연히 null이 아닌 값이 들어오면 어떻게 해야 할까? 에러를 던져야 할까? 그냥 무시하면 될까? 미래의 우리를 포함해서 이 코드를 유지보수할 엔지니어들이 코드를 보면 충분히 던질 법한 질문들이다.

각 유스케이스 전용 입력 모델은 유스케이스를 훨씬 명확하게 만들고 다른 유스케이스와의 결합도 제거해서 불필요한 부수효과가 발생하지 않게 한다. 물론 비용이 안 드는 것은 아니다. 들어오는 데이터를 각 유스케이스에 해당하는 입력 모델에 매핑해야 하기 때문이다. 이 매핑 전략에 대해서는 다른 매핑 전략들과 함께 8장에서 논의하겠다.

비즈니스 규칙 검증하기

입력 유효성 검증은 유스케이스 로직의 일부가 아닌 반면, 비즈니스 규칙 검증은 분명히 유스케이스 로직의 일부다. 비즈니스 규칙은 애플리케이션의 핵심이기에 적절하게 잘 다뤄야 한다. 그런데 언제 입력 유효성을 검증하고 언제 비즈니스 규칙을 검증해야 할까?

둘 사이의 아주 실용적인 구분점은 비즈니스 규칙을 검증하는 것은 도메인 모델의 현재 상태에 접근해야 하는 반면, 입력 유효성 검증은 그럴 필요가 없다는 것이다. 입력 유효성을 검증하는 일은 @NotNull 애너테이션을 붙인 것처럼 선언적으로 구현할 수 있지만 비즈니스 규칙을 검증하는 일은 조금 더 맥락이 필요하다.

입력 유효성을 검증하는 것은 **구문상의**(syntactical) 유효성을 검증하는 것이라고도 할 수 있다. 반면 비즈니스 규칙은 유스케이스의 맥락 속에서 **의미적인**(semantical) 유효성을 검증하는 일이라고 할 수 있다.

"출금 계좌는 초과 출금되어서는 안 된다"라는 규칙을 보자. 정의에 따르면 이 규칙은 출금 계좌와 입금 계좌가 존재하는지 확인하기 위해 모델의 현재 상태에 접근해야 하기 때문에 비즈니스 규칙이다.

반대로 "송금되는 금액은 0보다 커야 한다"라는 규칙은 모델에 접근하지 않고도 검증될 수 있다. 그러므로 입력 유효성 검증으로 구현할 수 있다.

이러한 구분이 논쟁의 여지가 있음을 알고 있다. 송금액은 매우 중요하기 때문에 이 값을 검증하는 것은 어떤 경우라도 비즈니스 규칙으로 다뤄야 한다고 주장할 수도 있다.

그러나 앞에서 보여준 것과 같은 구분법은 특정 유효성 검증 로직을 코드 상의 어느 위치에 둘지 결정하고 나중에 그것이 어디에 있는지 더 쉽게 찾는 데 도움이 된다. 그저 유효성 검증 로직이 현재 모델의 상태에 접근해야 하는지 여부만 확인하면 되기 때문이다. 이는 처음 규칙을 구현할 때뿐만 아니라 나중에 유지보수할 때 그것이 어디에 있는지 찾는 데도 도움이 된다.

그러면 비즈니스 규칙 검증은 어떻게 구현할까?

가장 좋은 방법은 앞에서 "출금 계좌는 초과 인출되어서는 안 된다" 규칙에서처럼 비즈니스 규칙을 도메인 엔티티 안에 넣는 것이다.

```
package buckpal.domain;

public class Account {

  // ...

  public boolean withdraw(Money money, AccountId targetAccountId) {
    if (!mayWithdraw(money)) {
      return false;
    }
    // ...
  }
}
```

이렇게 하면 이 규칙을 지켜야 하는 비즈니스 로직 바로 옆에 규칙이 위치하기 때문에 위치를 정하는 것도 쉽고 추론하기도 쉽다.

만약 도메인 엔티티에서 비즈니스 규칙을 검증하기가 여의치 않다면 유스케이스 코드에서 도메인 엔티티를 사용하기 전에 해도 된다.

```
package buckpal.application.service;

@RequiredArgsConstructor
@Transactional
public class SendMoneyService implements SendMoneyUseCase {

  // ...

  @Override
  public boolean sendMoney(SendMoneyCommand command) {
    requireAccountExists(command.getSourceAccountId());
    requireAccountExists(command.getTargetAccountId());
    ...
  }
}
```

유효성을 검증하는 코드를 호출하고, 유효성 검증이 실패할 경우 유효성 검증 전용 예외를 던진다. 사용자와 통신하는 어댑터는 이 예외를 에러 메시지로 사용자에게 보여주거나 적절한 다른 방법으로 처리한다.

앞의 예제에서 살펴본 유효성 검증은 단순히 출금 계좌와 입금 계좌가 데이터베이스에 있는지 확인하는 것이었다. 더 복잡한 비즈니스 규칙의 경우에는 먼저 데이터베이스에서 도메인 모델을 로드해서 상태를 검증해야 할 수도 있다. 어쨌든 도메인 모델을 로드해야 한다면 앞에서 "출금 계좌는 초과 인출되어서는 안 된다" 규칙을 다뤘을 때처럼 도메인 엔티티 내에 비즈니스 규칙을 구현해야 한다.

풍부한 도메인 모델 vs. 빈약한 도메인 모델

이 책의 아키텍처 스타일은 도메인 모델을 구현하는 방법에 대해서는 열려 있다. 이는 우리의 문맥에 적합한 방식을 선택할 수 있기 때문에 축복이기도 하지만 우리를 도와줄 어떤 지침도 없기 때문에 저주이기도 하다.

자주 논의되는 사항은 DDD 철학을 따르는 풍부한 도메인 모델(rich domain model)을 구현할 것인지, '빈약한' 도메인 모델(anemic domain model)을 구현할 것인가다. 나는 둘 중 하나를 선호하지는 않을 예정이지만, 이 책의 아키텍처에 각각이 어떻게 어울리는지 살펴보자.

풍부한 도메인 모델에서는 애플리케이션의 코어에 있는 엔티티에서 가능한 한 많은 도메인 로직이 구현된다. 엔티티들은 상태를 변경하는 메서드를 제공하고, 비즈니스 규칙에 맞는 유효한 변경만을 허용한다. 이는 예제의 `Account` 엔티티에서 따랐던 방식과 같다.

이 시나리오에서 유스케이스는 어디에 구현돼 있을까?

유스케이스는 도메인 모델의 진입점으로 동작한다. 이어서 유스케이스는 사용자의 의도만을 표현하면서 이 의도를 실제 작업을 수행하는 체계화된 도메인 엔티티 메서드 호출로 변환한다. 많은 비즈니스 규칙이 유스케이스 구현체 대신 엔티티에 위치하게 된다.

'송금하기' 유스케이스 서비스는 출금 계좌와 입금 계좌 엔티티를 로드하고, `withdraw()`, `deposit()` 메서드를 호출한 후, 결과를 다시 데이터베이스로 보낸다. 사실 이 유스케이스에서는 초과 출금을 방지하기 위해 입금 계좌와 출금 계좌에서 다른 어떤 돈도 동시에 이체되지 않도록 보장해야 하지만, 단순화를 위해 이 비즈니스 규칙은 생략했다.

'빈약한' 도메인 모델에서는 엔티티 자체가 굉장히 얇다. 일반적으로 엔티티는 상태를 표현하는 필드와 이 값을 읽고 바꾸기 위한 getter, setter 메서드만 포함하고 어떤 도메인 로직도 가지고 있지 않다.

이 말인 즉슨, 도메인 로직이 유스케이스 클래스에 구현돼 있다는 것이다. 비즈니스 규칙을 검증하고, 엔티티의 상태를 바꾸고, 데이터베이스 저장을 담당하는 아웃고잉 포트에 엔티티를 전달할 책임 역시 유스케이스 클래스에 있다. '풍부함'이 엔티티 대신 유스케이스에 존재하는 것이다.

앞의 두 가지 스타일을 비롯한 그 밖의 여러 가지 다른 스타일들도 이 책에서 논의하는 아키텍처 접근법을 이용해서 구현할 수 있다. 각자의 필요에 맞는 스타일을 자유롭게 택해서 사용하면 된다.

유스케이스마다 다른 출력 모델

유스케이스가 할 일을 다하고 나면 호출자에게 무엇을 반환해야 할까?

입력과 비슷하게 출력도 가능하면 각 유스케이스에 맞게 구체적일수록 좋다. 출력은 호출자에게 꼭 필요한 데이터만 들고 있어야 한다.

'송금하기' 유스케이스 코드에서는 boolean 값 하나를 반환했다. 이는 이 맥락에서 반환할 수 있는 가장 구체적인 최소한의 값이다.

업데이트된 Account를 통째로 반환하고 싶을 수도 있다. 아마도 호출자가 계좌의 새로운 잔액에 관심이 있을 지도 모른다.

그러나 '송금하기' 유스케이스에서 정말로 이 데이터를 반환해야 할까? 호출자가 정말로 이 값을 필요로 할까? 만약 그렇다면 다른 호출자도 사용할 수 있도록 해당 데이터에 접근할 전용 유스케이스를 만들어야 하지 않을까?

이러한 질문에 정답은 없다. 그러나 유스케이스를 가능한 한 구체적으로 유지하기 위해서는 계속 질문해야 한다. 만약 의심스럽다면 가능한 한 적게 반환하자.

유스케이스들 간에 같은 출력 모델을 공유하게 되면 유스케이스들도 강하게 결합된다. 한 유스케이스에서 출력 모델에 새로운 필드가 필요해지면 이 값과 관련이 없는 다른 유스케이스에서도 이 필드를 처리해야 한다. 공유 모델은 장기적으로 봤을 때 갖가지 이유로 점점 커지게 돼 있다. 단일 책임 원칙을 적용하고 모델을 분리해서 유지하는 것은 유스케이스의 결합을 제거하는 데 도움이 된다.

같은 이유로 도메인 엔티티를 출력 모델로 사용하고 싶은 유혹도 견뎌야 한다. 도메인 엔티티를 변경할 이유가 필요 이상으로 늘어나는 것을 원치 않을 것이다. 엔티티를 입력 모델이나 출력 모델로 사용하는 것에 대해서는 11장에서 조금 더 자세히 이야기하겠다.

읽기 전용 유스케이스는 어떨까?

앞에서 모델의 상태를 변경하는 유스케이스를 어떻게 구현할지 논의했다. 그렇다면 읽기 전용 유스케이스는 어떻게 구현할까?

UI에 계좌의 잔액을 표시해야 한다고 가정해보자. 이를 위한 새로운 유스케이스를 구현해야 할까?

이 같은 읽기 전용 작업을 유스케이스라고 언급하는 것은 조금 이상하다. 물론 UI 단에서는 '계좌 잔고 보여주기'라고 부를 수 있는 특정 유스케이스를 구현하기 위해 요청한 데이터가 필요할 수도 있다. 만약 전체 프로젝트의 맥락에서 이러한 작업이 유스케이스로 분류된다면 어떻게든 다른 유스케이스와 비슷한 방식으로 구현해야 한다.

하지만 애플리케이션 코어의 관점에서 이 작업은 간단한 데이터 쿼리다. 그렇기 때문에 프로젝트 맥락에서 유스케이스로 간주되지 않는다면 실제 유스케이스와 구분하기 위해 쿼리로 구현할 수 있다.

이 책의 아키텍처 스타일에서 이를 구현하는 한 가지 방법은 쿼리를 위한 인커밍 전용 포트를 만들고 이를 '쿼리 서비스(query service)'에 구현하는 것이다.

```
package buckpal.application.service;

@RequiredArgsConstructor
class GetAccountBalanceService implements GetAccountBalanceQuery {
```

```
  private final LoadAccountPort loadAccountPort;

  @Override
  public Money getAccountBalance(AccountId accountId) {
    return loadAccountPort.loadAccount(accountId, LocalDateTime.now())
        .calculateBalance();
  }
}
```

쿼리 서비스는 유스케이스 서비스와 동일한 방식으로 동작한다. GetAccountBalanceQuery 라는 인커밍 포트를 구현하고, 데이터베이스로부터 실제로 데이터를 로드하기 위해 LoadAccountPort라는 아웃고잉 포트를 호출한다.

이처럼 읽기 전용 쿼리는 쓰기가 가능한 유스케이스(또는 '커맨드')와 코드 상에서 명확하게 구분된다. 이런 방식은 CQS(Command—Query Separation)나 CQRS(Command—Query Responsibility Segregation)[19] 같은 개념과 아주 잘 맞는다.

앞의 예제 코드에서 서비스는 아웃고잉 포트로 쿼리를 전달하는 것 외에 다른 일을 하지 않는다. 여러 계층에 걸쳐 같은 모델을 사용한다면 지름길을 써서 클라이언트가 아웃고잉 포트를 직접 호출하게 할 수도 있다. 이 지름길에 대해서는 11장에서 자세히 이야기하겠다.

유지보수 가능한 소프트웨어를 만드는 데 어떻게 도움이 될까?

이 책의 아키텍처에서는 도메인 로직을 우리가 원하는 대로 구현할 수 있도록 허용하지만, 입출력 모델을 독립적으로 모델링한다면 원치 않는 부수효과를 피할 수 있다.

---

19 (옮긴이) 데이터를 조회하는 작업과 데이터를 업데이트하는 작업의 책임을 분리하는 패턴으로서 '명령 쿼리 책임 분리'로 직역되지만 이 책에서는 일반적으로 축약어 그대로 CQRS로 표기했습니다.

물론 유스케이스 간에 모델을 공유하는 것보다는 더 많은 작업이 필요하다. 각 유스케이스마다 별도의 모델을 만들어야 하고, 이 모델과 엔티티를 매핑해야 한다.

그러나 유스케이스별로 모델을 만들면 유스케이스를 명확하게 이해할 수 있고, 장기적으로 유지보수하기도 더 쉽다. 또한 여러 명의 개발자가 다른 사람이 작업 중인 유스케이스를 건드리지 않은 채로 여러 개의 유스케이스를 동시에 작업할 수 있다.

꼼꼼한 입력 유효성 검증, 유스케이스별 입출력 모델은 지속 가능한 코드를 만드는 데 큰 도움이 된다.

05

웹 어댑터 구현하기

오늘날의 애플리케이션은 대부분 웹 인터페이스 같은 것을 제공한다. 웹 브라우저를 통해 상호작용할 수 있는 UI나 다른 시스템에서 우리 애플리케이션으로 호출하는 방식으로 상호작용하는 HTTP API가 여기에 해당한다.

우리가 목표로 하는 아키텍처에서 외부 세계와의 모든 커뮤니케이션은 어댑터를 통해 이뤄진다. 따라서 이번에는 웹 인터페이스를 제공하는 어댑터의 구현 방법을 살펴보자.

의존성 역전

그림 5.1은 웹 어댑터와 관련된 아키텍처 요소(어댑터 자체와 애플리케이션 코어와 상호작용하는 포트)에 조금 더 초점을 맞춘 그림이다.

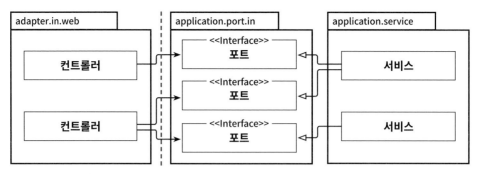

그림 5.1 인커밍 어댑터는 애플리케이션 서비스에 의해 구현된 인터페이스인 전용 포트를 통해 애플리케이션 계층과 통신한다.

웹 어댑터는 '주도하는' 혹은 '인커밍' 어댑터다. 외부로부터 요청을 받아 애플리케이션 코어를 호출하고 무슨 일을 해야 할지 알려준다. 이때 제어 흐름은 웹 어댑터에 있는 컨트롤러에서 애플리케이션 계층에 있는 서비스로 흐른다.

애플리케이션 계층은 웹 어댑터가 통신할 수 있는 특정 포트를 제공한다. 서비스는 이 포트를 구현하고, 웹 어댑터는 이 포트를 호출할 수 있다.

자세히 살펴보면 **의존성 역전 원칙**이 적용된 것을 발견할 수 있다. 그림 5.2와 같이 제어 흐름이 왼쪽에서 오른쪽으로 흐르기 때문에 웹 어댑터가 유스케이스를 직접 호출할 수 있다.

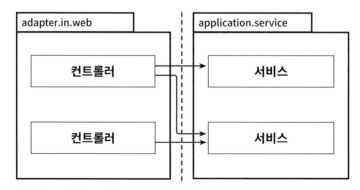

그림 5.2 포트 인터페이스를 삭제하고 서비스를 직접 호출할 수 있다.

그럼 왜 어댑터와 유스케이스 사이에 또 다른 간접 계층을 넣어야 할까? 애플리케이션 코어가 외부 세계와 통신할 수 있는 곳에 대한 명세가 포트이기 때문이다. 포트를 적절한 곳에 위치시키면 외부와 어떤 통신이 일어나고 있는지 정확히 알 수 있고, 이는 레거시 코드를 다루는 유지보수 엔지니어에게는 무척 소중한 정보다.

이렇게 말하긴 했지만 인커밍 포트를 생략하고 애플리케이션 서비스를 직접 호출하고 싶은 생각도 들 것이다. 이 지름길에 대해서는 11장에서 이야기하겠다.

그럼에도 상호작용이 많이 일어나는 애플리케이션과 관련된 한 가지 의문이 남는다. 웹 소켓을 통해 실시간 데이터를 사용자의 브라우저로 보낸다고 가정해보자. 애플리케이션 코어에서는 이러한 실시간 데이터를 어떻게 웹 어댑터로 보내고, 웹 어댑터는 이 데이터를 어떻게 사용자의 브라우저로 전송하는 것일까?

이 시나리오에서는 반드시 포트가 필요하다. 그림 5.3과 같이 이 포트는 웹 어댑터에서 구현하고 애플리케이션 코어에서 호출해야 한다.

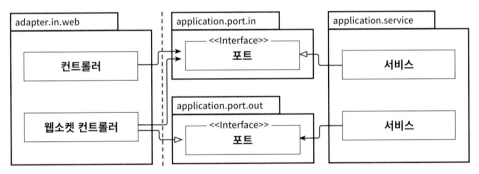

그림 5.3 만약 애플리케이션이 웹 어댑터에 능동적으로 알림을 줘야 한다면 의존성을 올바른 방향으로 유지하기 위해 아웃고잉 포트를 통과해야 한다.

엄밀히 말하자면 이 포트는 아웃고잉 포트이기 때문에 이제 웹 어댑터는 인커밍 어댑터'인 동시에' 아웃고잉 어댑터가 된다. 하지만 한 어댑터가 동시에 두 가지 역할을 하지 못할 이유는 없다.

이번 장의 나머지 부분에서는 웹 어댑터가 일반적인 인커밍 어댑터 역할만 한다고 가정하겠다.

웹 어댑터의 책임

웹 어댑터는 실제로 어떤 일을 할까? BuckPal 애플리케이션에서 REST API를 제공한다고 해보자. 웹 어댑터의 책임은 어디서부터 어디까지일까?

웹 어댑터는 일반적으로 다음과 같은 일을 한다.

01. HTTP 요청을 자바 객체로 매핑

02. 권한 검사

03. 입력 유효성 검증

04. 입력을 유스케이스의 입력 모델로 매핑

05. 유스케이스 호출

06. 유스케이스의 출력을 HTTP로 매핑

07. HTTP 응답을 반환

우선 웹 어댑터는 URL, 경로, HTTP 메서드, 콘텐츠 타입과 같이 특정 기준을 만족하는 HTTP 요청을 수신해야 한다. 그러고 나서 HTTP 요청의 파라미터와 콘텐츠를 객체로 역직렬화해야 한다.

보통은 웹 어댑터가 인증과 권한 부여를 수행하고 실패할 경우 에러를 반환한다.

그러고 나면 들어오는 객체의 상태 유효성 검증을 할 수 있다. 그런데 앞에서 입력 유효성 검증이 유스케이스 입력 모델의 책임이라고 이야기하지 않았는가? 유스케이스 입력 모델은 유스케이스의 맥락에서 유효한 입력만 허용해야 한다. 그러나 여기서는 **웹 어댑터**의 입력 모델에 대해 이야기하고 있는 것이다. 유스케이스의 입력 모델과는 구조나 의미가 완전히 다를 수 있으므로 또 다른 유효성 검증을 수행해야 한다.

유스케이스 입력 모델에서 했던 유효성 검증을 똑같이 웹 어댑터에서도 구현해야 하는 것은 아니다. 대신, 웹 어댑터의 입력 모델을 유스케이스의 입력 모델로 **변환할 수 있다는 것**을 검증해야 한다. 이 변환을 방해하는 모든 것이 유효성 검증 에러다.

이는 자연스럽게 웹 어댑터의 다음 책임, 즉 변환된 입력 모델로 특정한 유스케이스를 호출하는 것으로 연결된다. 어댑터는 유스케이스의 출력을 반환받고, HTTP 응답으로 직렬화해서 호출자에게 전달한다.

이 과정에서 한 군데서라도 문제가 생기면 예외를 던지고, 웹 어댑터는 에러를 호출자에게 보여줄 메시지로 변환해야 한다.

웹 어댑터의 어깨를 짓누를 정도로 책임이 많기는 하다. 하지만 이 책임들은 애플리케이션 계층이 신경 쓰면 안 되는 것들이기도 하다. HTTP와 관련된 것은 애플리케이션 계층으로 침투해서는 안 된다. 우리가 바깥 계층에서 HTTP를 다루고 있다는 것을 애플리케이션 코어가 알게 되면 HTTP를 사용하지 않는 또 다른 인커밍 어댑터의 요청에 대해 동일한 도메인 로직을 수행할 수 있는 선택지를 잃게 된다. 좋은 아키텍처에서는 선택의 여지를 남겨둔다.

웹 어댑터와 애플리케이션 계층 간의 이 같은 경계는 웹 계층에서부터 개발을 시작하는 대신 도메인과 애플리케이션 계층부터 개발하기 시작하면 자연스럽게 생긴다. 특정 인커밍 어댑터를 생각할 필요 없이 유스케이스를 먼저 구현하면 경계를 흐리게 만들 유혹에 빠지지 않을 수 있다.

컨트롤러 나누기

자바의 스프링 MVC 같은 대부분의 웹 프레임워크에서는 앞서 논의한 책임들을 수행할 컨트롤러 클래스를 생성할 수 있다. 그러면 모든 요청에 응답할 수 있는 하나의 컨트롤러를 만들면 될까? 그럴 필요가 없다. 웹 어댑터는 한 개 이상의 클래스로 구성해도 된다.

하지만 3장에서 이야기했듯이 클래스들이 같은 소속이라는 것을 표현하기 위해 같은 패키지 수준(hierarchy)에 놓아야 한다.

그럼 컨트롤러를 몇 개 만들어야 할까? 너무 적은 것보다는 너무 많은 게 낫다. 각 컨트롤러가 가능한 한 좁고 다른 컨트롤러와 가능한 한 적게 공유하는 웹 어댑터 조각을 구현해야 한다.

BuckPal 애플리케이션의 Account 엔티티의 연산들을 예로 들어보자. 자주 사용되는 방식은 AccountController를 하나 만들어서 계좌와 관련된 모든 요청을 받는 것이다. REST API를 제공하는 스프링 컨트롤러는 다음과 같을 것이다.

```java
package buckpal.adapter.web;

@RestController
@RequiredArgsConstructor
class AccountController {

  private final GetAccountBalanceQuery getAccountBalanceQuery;
  private final ListAccountsQuery listAccountsQuery;
  private final LoadAccountQuery loadAccountQuery;

  private final SendMoneyUseCase sendMoneyUseCase;
  private final CreateAccountUseCase createAccountUseCase;

  @GetMapping("/accounts")
  List<AccountResource> listAccounts(){
    ...
  }

  @GetMapping("/accounts/{accountId}")
  AccountResource getAccount(@PathVariable("accountId") Long accountId){
    ...
  }

  @GetMapping("/accounts/{accountId}/balance")
  long getAccountBalance(@PathVariable("accountId") Long accountId){
    ...
  }

  @PostMapping("/accounts")
```

```
AccountResource createAccount(@RequestBody AccountResource account){
    ...
}

@PostMapping("/accounts/send/{sourceAccountId}/{targetAccountId}/{amount}")
void sendMoney(
    @PathVariable("sourceAccountId") Long sourceAccountId,
    @PathVariable("targetAccountId") Long targetAccountId,
    @PathVariable("amount") Long amount) {
    ...
    }
}
```

계좌 리소스와 관련된 모든 것이 하나의 클래스에 모여 있으며 괜찮아 보인다. 하지만 이 방식의 단점을 한번 살펴보자.

먼저, 클래스마다 코드는 적을수록 좋다. 가장 큰 클래스가 30,000줄이었던 레거시 프로젝트를 담당했던 적이 있다. 사실 30,000줄이 하나의 클래스에 있게 된 것은 의도적인 아키텍처 결정이었다(오해는 마라. 전임자들의 결정이었다). 시스템을 재배포 없이 런타임에 변경하기 위해 컴파일된 자바 바이트코드를 하나의 .class 파일로 올려야 했던 것이다. 또한 단 하나의 파일만 올릴 수 있었기 때문에 이 파일에 모든 코드가 들어 있어야 했다.

시간이 지나면서 컨트롤러에 200줄만 늘어나도 50줄을 파악하는 것에 비해 난이도가 높아진다. 아무리 메서드로 깔끔하게 분리돼 있어도 쉽지 않은 일이다.

테스트 코드도 마찬가지다. 컨트롤러에 코드가 많으면 그에 해당하는 테스트 코드도 많을 것이다. 그리고 보통 테스트 코드는 더 추상적이라서 프로덕션 코드에 비해 파악하기가 어려울 때가 많다. 따라서 특정 프로덕션 코드에 해당하는 테스트 코드를 찾기 쉽게 만들어야 하는데, 클래스가 작을수록 더 찾기가 쉽다.

하지만 이것만큼 중요한 또 다른 점은 모든 연산을 단일 컨트롤러에 넣는 것이 데이터 구조의 재활용을 촉진한다는 데 있다. 앞의 예제 코드에서 많은 연산들이 AccountResource 모델 클래스를 공유한다. AccountResource가 모든 연산에서 필요한 모든 데이터를 담고 있는 큰 통인 것이다. 아마 AccountResource에는 id 필드가 있을 것이다. 그렇지만 이 id 는 create 연산에서는 필요없기 때문에 도움이 되기보다는 헷갈릴 수 있다. Account가 User 객체와 일대다 관계를 맺고 있다고 가정해보자. 계좌를 생성하거나 업데이트할 때 User 객체도 필요할까? list 연산에 사용자 정보도 같이 반환해야 할까? 아주 간단한 사례이긴 하지만 토이 프로젝트가 아닌 한 프로젝트에서 언젠가 맞닥뜨릴 질문이다.

그래서 나는 각 연산에 대해 가급적이면 별도의 패키지 안에 별도의 컨트롤러를 만드는 방식을 선호한다. 또한 가급적 메서드와 클래스명은 유스케이스를 최대한 반영해서 지어야 한다.

```java
package buckpal.adapter.in.web;

@RestController
@RequiredArgsConstructor
class SendMoneyController {

  private final SendMoneyUseCase sendMoneyUseCase;

  @PostMapping("/accounts/send/{sourceAccountId}/{targetAccountId}/{amount}")
  void sendMoney(
      @PathVariable("sourceAccountId") Long sourceAccountId,
      @PathVariable("targetAccountId") Long targetAccountId,
      @PathVariable("amount") Long amount) {

    SendMoneyCommand command = new SendMoneyCommand(
      new AccountId(sourceAccountId),
      new AccountId(targetAccountId),
      Money.of(amount));
```

```
        sendMoneyUseCase.sendMoney(command);
    }

}
```

또한 각 컨트롤러가 CreateAccountResource나 UpdateAccountResource 같은 컨트롤러 자체의 모델을 가지고 있거나, 앞의 예제 코드처럼 원시값을 받아도 된다.

이러한 전용 모델 클래스들은 컨트롤러의 패키지에 대해 private으로 선언할 수 있기 때문에 실수로 다른 곳에서 재사용될 일이 없다. 컨트롤러끼리는 모델을 공유할 수 있지만 다른 패키지에 있는 덕분에 공유해서 사용하기 전에 다시 한번 생각해볼 수 있고, 다시 생각해봤을 때, 필드의 절반은 사실 필요없다는 걸 깨달아서 결국 컨트롤러에 맞는 모델을 새로 만들게 될 확률이 높다.

또, 컨트롤러명과 서비스명에 대해서도 잘 생각해봐야 한다. 예를 들어, CreateAccount보다는 RegisterAccount가 더 나은 이름 같지 않은가? BuckPal 예제에서 계좌를 생성하는 유일한 방법은 사용자가 계좌를 등록하는 방법뿐이다. 그러니 이 의미를 드러내기 위해서는 'register'라는 단어가 더 명확하다. Create…, Update…, Delete…만으로도 충분히 의미를 드러낼 수 있는 유스케이스도 있을 것이다. 하지만 실제로 이 단어를 사용하기 전에 한 번 더 숙고해보면 좋겠다.

이렇게 나누는 스타일의 또 다른 장점은 서로 다른 연산에 대한 동시 작업이 쉬워진다는 것이다. 두 명의 개발자가 서로 다른 연산에 대한 코드를 짜고 있다면 병합 충돌이 일어나지 않을 것이다.

유지보수 가능한 소프트웨어를 만드는 데 어떻게 도움이 될까?

애플리케이션의 웹 어댑터를 구현할 때는 HTTP 요청을 애플리케이션의 유스케이스에 대한 메서드 호출로 변환하고 결과를 다시 HTTP로 변환하고 어떤 도메인 로직도 수행하지 않는 어댑터를 만들고 있다는 점을 염두에 둬야 한다.

반면 애플리케이션 계층은 HTTP에 대한 상세 정보를 노출시키지 않도록 HTTP와 관련된 작업을 해서는 안 된다. 이렇게 하면 필요할 경우 웹 어댑터를 다른 어댑터로 쉽게 교체할 수 있다.

웹 컨트롤러를 나눌 때는 모델을 공유하지 않는 여러 작은 클래스들을 만드는 것을 두려워해서는 안 된다. 작은 클래스들은 더 파악하기 쉽고, 더 테스트하기 쉬우며, 동시 작업을 지원한다. 이렇게 세분화된 컨트롤러를 만드는 것은 처음에는 조금 더 공수가 들겠지만 유지보수하는 동안에는 분명히 빛을 발할 것이다.

06

영속성 어댑터 구현하기

1장에서 전통적인 계층형 아키텍처에 대해 부정적으로 이야기하면서 이 아키텍처에서는 결국 모든 것이 영속성 계층에 의존하게 되어 '데이터베이스 주도 설계'가 된다고 이야기했다. 이번 장에서는 이러한 의존성을 역전시키기 위해 영속성 계층을 애플리케이션 계층의 플러그인으로 만드는 방법을 살펴보겠다.

의존성 역전

영속성 계층 대신 애플리케이션 서비스에 영속성 기능을 제공하는 영속성 어댑터에 대해 이야기하겠다.

그림 6.1은 영속성 어댑터가 애플리케이션 서비스에 영속성 기능을 제공하기 위해 어떻게 의존성 역전 원칙을 적용할 수 있을지 보여준다.

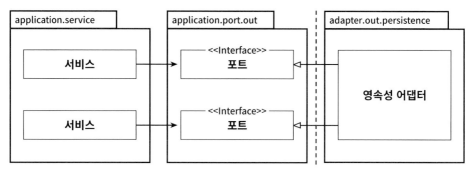

그림 6.1 코어의 서비스가 영속성 어댑터에 접근하기 위해 포트를 사용한다.

애플리케이션 서비스에서는 영속성 기능을 사용하기 위해 포트 인터페이스를 호출한다. 이 포트는 실제로 영속성 작업을 수행하고 데이터베이스와 통신할 책임을 가진 영속성 어댑터 클래스에 의해 구현된다.

육각형 아키텍처에서 영속성 어댑터는 '주도되는' 혹은 '아웃고잉' 어댑터다. 애플리케이션에 의해 호출될 뿐, 애플리케이션을 호출하지는 않기 때문이다.

포트는 사실상 애플리케이션 서비스와 영속성 코드 사이의 간접적인 계층이다. 영속성 문제에 신경 쓰지 않고 도메인 코드를 개발하기 위해, 즉 영속성 계층에 대한 코드 의존성을 없애기 위해 이러한 간접 계층을 추가하고 있다는 사실을 잊지 말자. 이렇게 되면 영속성 코드를 리팩터링하더라도 코어 코드를 변경하는 결과로 이어지지 않을 것이다.

자연스럽게 런타임에도 의존성은 애플리케이션 코어에서 영속성 어댑터로 향한다. 예를 들어, 영속성 계층의 코드를 변경하는 중에 버그가 생기면 애플리케이션 코어의 기능은 망가질 것이다. 하지만 포트가 계약을 만족하는 한, 코어에 영향을 미치지 않으면서 영속성 코드를 마음껏 수정할 수 있다.

영속성 어댑터의 책임

영속성 어댑터가 일반적으로 어떤 일들을 하는지 살펴보자.

01. 입력을 받는다
02. 입력을 데이터베이스 포맷으로 매핑한다
03. 입력을 데이터베이스로 보낸다
04. 데이터베이스 출력을 애플리케이션 포맷으로 매핑한다
05. 출력을 반환한다

영속성 어댑터는 포트 인터페이스를 통해 입력을 받는다. 입력 모델은 인터페이스가 지정한 도메인 엔티티나 특정 데이터베이스 연산 전용 객체가 될 것이다.

그러고 나서 영속성 어댑터는 데이터베이스를 쿼리하거나 변경하는 데 사용할 수 있는 포맷으로 입력 모델을 매핑한다. 자바 프로젝트에서는 데이터베이스와 통신할 때 일반적으로 JPA(Java Persistence API)를 사용하기 때문에 입력 모델을 데이터베이스 테이블 구조를 반영한 JPA 엔티티 객체로 매핑할 것이다. 맥락에 따라 입력 모델을 JPA 엔티티로 매핑하는 것이 들이는 노력에 비해 얻는 것이 많지 않은 일이 될 수도 있으므로 8장에서는 매핑하지 않는 전략에 대해서도 살펴보겠다.

JPA나 다른 객체-관계 매핑 프레임워크 대신, 데이터베이스와 통신하기 위해 어떤 기술을 사용해도 상관없다. 입력 모델을 평범한 SQL 구문에 매핑해서 데이터베이스에 보내도 되고, 들어오는 데이터를 파일로 직렬화해서 그것으로부터 데이터를 읽어와도 된다.

핵심은 영속성 어댑터의 입력 모델이 영속성 어댑터 내부에 있는 것이 아니라 애플리케이션 코어에 있기 때문에 영속성 어댑터 내부를 변경하는 것이 코어에 영향을 미치지 않는다는 것이다.

다음으로 영속성 어댑터는 데이터베이스에 쿼리를 날리고 쿼리 결과를 받아온다.

마지막으로, 데이터베이스 응답을 포트에 정의된 출력 모델로 매핑해서 반환한다. 다시 한번 말하지만, 출력 모델이 영속성 어댑터가 아니라 애플리케이션 코어에 위치하는 것이 중요하다.

입출력 모델이 영속성 어댑터가 아니라 애플리케이션 코어에 있다는 점을 제외하면 책임은 전통적인 영속성 계층의 책임과 크게 다르지 않다.

그러나 영속성 어댑터를 앞에서 이야기한 것과 같이 구현하면 전통적인 영속성 계층을 구현할 때는 없었던 몇 가지 의문들이 생긴다. 전통적인 영속성 계층이 워낙 익숙해서 생각해본 적이 없었을 의문들 말이다.

포트 인터페이스 나누기

서비스를 구현하면서 생기는 의문은 데이터베이스 연산을 정의하고 있는 포트 인터페이스를 어떻게 나눌 것인가다.

그림 6.2처럼 특정 엔티티가 필요로 하는 모든 데이터베이스 연산을 하나의 리포지토리 인터페이스에 넣어 두는 게 일반적인 방법이다.

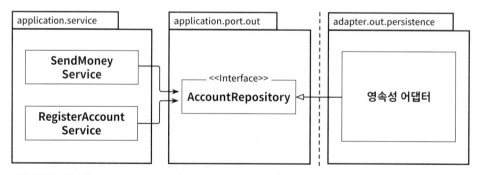

그림 6.2 하나의 아웃고잉 포트 인터페이스에 모든 데이터베이스 연산을 모아두면 모든 서비스가 실제로는 필요하지 않은 메서드에 의존하게 된다.

그럼 데이터베이스 연산에 의존하는 각 서비스는 인터페이스에서 단 하나의 메서드만 사용하더라도 하나의 '넓은' 포트 인터페이스에 의존성을 갖게 된다. 코드에 불필요한 의존성이 생겼다는 뜻이다.

맥락 안에서 필요하지 않은 메서드에 생긴 의존성은 코드를 이해하고 테스트하기 어렵게 만든다. 그림 6.2에 나온 `RegisterAccountService`의 단위 테스트를 작성한다고 생각해보자. `AccountRepository` 인터페이스의 어떤 메서드를 모킹해야 할까? 먼저 서비스가 실제로 `AccountRepository`의 어떤 메서드를 호출하는지 찾아야 한다. 인터페이스의 일부만 모킹하는 것은 또 다른 문제로 이어지는데, 다음에 이 테스트에서 작업하는 사람은 인터페이스 전체가 모킹됐다고 기대하는 바람에 에러를 보게 될 수 있기 때문이다. 그래서 (또 다시) 확인해야 하는 상황이 생긴다.

로버트 C. 마틴의 표현을 빌리자면 다음과 같다.

> "필요없는 화물을 운반하는 무언가에 의존하고 있으면
> 예상하지 못했던 문제가 생길 수 있다." [20]

인터페이스 분리 원칙(Interface Segregation Principle, ISP)은 이 문제의 답을 제시한다. 이 원칙은 클라이언트가 오로지 자신이 필요로 하는 메서드만 알면 되도록 넓은 인터페이스를 특화된 인터페이스로 분리해야 한다고 설명한다.

이 원칙을 예제의 아웃고잉 포트에 적용해보면 그림 6.3과 같은 결과를 얻을 수 있다.

---

20 《클린 아키텍처》, 90쪽

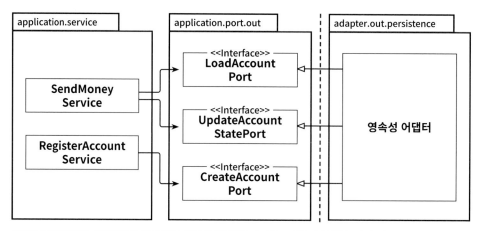

그림 6.3 인터페이스 분리 원칙을 적용하면 불필요한 의존성을 제거하고 기존 의존성을 눈에 더 잘 띄게 만들 수 있다.

이제 각 서비스는 실제로 필요한 메서드에만 의존한다. 나아가 포트의 이름이 포트의 역할을 명확하게 잘 표현하고 있다. 테스트에서는 어떤 메서드를 모킹할지 고민할 필요가 없다. 왜냐하면 대부분의 경우 포트당 하나의 메서드만 있을 것이기 때문이다.

이렇게 매우 좁은 포트를 만드는 것은 코딩을 플러그 앤드 플레이(plug-and-play)²¹ 경험으로 만든다. 서비스 코드를 짤 때는 필요한 포트에 그저 '꽂기만' 하면 된다. 운반할 다른 화물이 없는 것이다.

물론 모든 상황에 '포트 하나당 하나의 메서드'를 적용하지는 못할 것이다. 응집성이 높고 함께 사용될 때가 많기 때문에 하나의 인터페이스에 묶고 싶은 데이터베이스 연산들이 있을 수 있다.

영속성 어댑터 나누기

이전 그림에서는 모든 영속성 포트를 구현한 단 하나의 영속성 어댑터 클래스가 있었다. 그러나 모든 영속성 포트를 구현하는 한, 하나 이상의 클래스 생성을 금지하는 규칙은 없다.

---

21 (옮긴이) 재설정하거나 조정하는 과정 없이 연결하는 즉시 완벽하게 작동하는 방식

예를 들어, 그림 6.4와 같이 영속성 연산이 필요한 도메인 클래스(또는 DDD에서의 '애 그리거트[22]') 하나당 하나의 영속성 어댑터를 구현하는 방식을 선택할 수 있다.

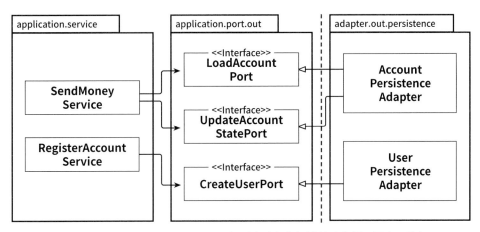

그림 6.4 하나의 애그리거트당 하나의 영속성 어댑터를 만들어서 여러 개의 영속성 어댑터를 만들 수도 있다.

이렇게 하면 영속성 어댑터들은 각 영속성 기능을 이용하는 도메인 경계를 따라 자동 으로 나눠진다.

영속성 어댑터를 훨씬 더 많은 클래스로 나눌 수도 있다. 예를 들어 JPA나 OR 매퍼를 이 용한 영속성 포트도 구현하면서 성능을 개선하기 위해 평범한 SQL을 이용하는 다른 종 류의 포트도 함께 구현하는 경우가 여기에 해당한다. 그 후에 JPA 어댑터 하나와 평이한 SQL 어댑터 하나를 만들고 각각이 영속성 포트의 일부분을 구현하면 된다.

도메인 코드는 영속성 포트에 의해 정의된 명세를 어떤 클래스가 충족시키는지에 관심 없다는 사실을 기억하자. 모든 포트가 구현돼 있기만 한다면 영속성 계층에서 하고 싶은 어떤 작업이든 해도 된다.

'애그리거트당 하나의 영속성 어댑터' 접근 방식 또한 나중에 여러 개의 바운디드 컨텍스 트(bounded context)의 영속성 요구사항을 분리하기 위한 좋은 토대가 된다. 이 책의 후반부에서 청구(billing) 유스케이스를 책임지는 바운디드 컨텍스트를 정의할 것이다.

---

22 (옮긴이) 불변식을 만족해서 하나의 단위로 취급될 수 있는 연관 객체의 모음. 《도메인 주도 설계》(위키북스, 2011), 129쪽

그림 6.5는 이 시나리오의 개요를 보여준다.

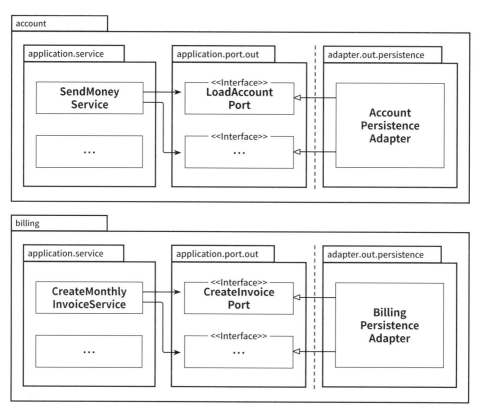

그림 6.5 바운디드 컨텍스트 간의 경계를 명확하게 구분하고 싶다면 각 바운디드 컨텍스트가 영속성 어댑터(들)을 하나씩 가지고 있어야 한다.

각 바운디드 컨텍스트는 영속성 어댑터를 하나씩(앞에서 설명했듯이 하나 이상일 수도 있다) 가지고 있다. '바운디드 컨텍스트'라는 표현은 경계를 암시한다. account 맥락의 서비스가 billing 맥락의 영속성 어댑터에 접근하지 않고, 반대로 billing의 서비스도 account의 영속성 어댑터에 접근하지 않는다는 의미다. 어떤 맥락이 다른 맥락에 있는 무엇인가를 필요로 한다면 전용 인커밍 포트를 통해 접근해야 한다.

스프링 데이터 JPA 예제

앞의 그림에서 본 AccountPersistenceAdapter를 구현한 코드를 살펴보자. 이 어댑터는 데이터베이스로부터 계좌를 가져오거나 저장할 수 있어야 한다. 4장에서 Account 엔티티를 이미 보긴 했지만 참고 삼아 골격만 다시 보자.

```java
package buckpal.domain;

@AllArgsConstructor(access = AccessLevel.PRIVATE)
public class Account {

  @Getter private final AccountId id;
  @Getter private final ActivityWindow activityWindow;
  private final Money baselineBalance;

  public static Account withoutId(
          Money baselineBalance,
          ActivityWindow activityWindow) {
    return new Account(null, baselineBalance, activityWindow);
  }

  public static Account withId(
          AccountId accountId,
          Money baselineBalance,
          ActivityWindow activityWindow) {
    return new Account(accountId, baselineBalance, activityWindow);
  }

  public Money calculateBalance() {
    // ...
  }
```

```
  public boolean withdraw(Money money, AccountId targetAccountId) {
    // ...
  }

  public boolean deposit(Money money, AccountId sourceAccountId) {
    // ...
  }

}
```

Account 클래스는 getter와 setter만 가진 간단한 데이터 클래스가 아니며 최대한 불변성을 유지하려 한다는 사실을 상기하자. 유효한 상태의 Account 엔티티만 생성할 수 있는 팩터리 메서드를 제공하고 출금 전에 계좌의 잔고를 확인하는 일과 같은 유효성 검증을 모든 상태 변경 메서드에서 수행하기 때문에 유효하지 않은 도메인 모델을 생성할 수 없다.

데이터베이스와의 통신에 스프링 데이터 JPA(Spring Data JPA)를 사용할 것이므로 계좌의 데이터베이스 상태를 표현하는 @Entity 애너테이션이 추가된 클래스도 필요하다.

```
package buckpal.adapter.persistence;

@Entity
@Table(name = "account")
@Data
@AllArgsConstructor
@NoArgsConstructor
class AccountJpaEntity {

  @Id
  @GeneratedValue
  private Long id;

}
```

다음은 activity 테이블을 표현하기 위한 코드다.

```
package buckpal.adapter.persistence;

@Entity
@Table(name = "activity")
@Data
@AllArgsConstructor
@NoArgsConstructor
class ActivityJpaEntity {

  @Id
  @GeneratedValue
  private Long id;

  @Column private LocalDateTime timestamp;
  @Column private Long ownerAccountId;
  @Column private Long sourceAccountId;
  @Column private Long targetAccountId;
  @Column private Long amount;
}
```

이 단계에서는 계좌의 상태가 ID 하나만으로 구성돼 있다. 나중에 사용자 ID 같은 필드가 추가될 것이다. 좀 더 흥미로운 엔티티는 특정 계좌에 대한 모든 활동을 들고 있는 ActivityJpaEntity다. JPA의 @ManyToOne이나 @OneToMany 애너테이션을 이용해 ActivityJpaEntity와 AccountJpaEntity를 연결해서 관계를 표현할 수도 있었겠지만 데이터베이스 쿼리에 부수효과가 생길 수 있기 때문에 일단 이 부분은 제외하기로 결정했다. 사실 이 단계에서는 JPA보다는 조금 더 간단한 ORM을 이용하는 편이 영속성 어댑터를 구현하기가 더 쉽지만 앞으로 JPA가 제공하는 다른 기능이 필요할 수도 있기 때문에 어쨌든 사용하기로 했다.

어디선가 들어본 익숙한 이야기인가? 사람들이 이런 유형의 문제를 해결하기 위해 선택하는 도구가 JPA이기 때문에 여러분도 OR 매퍼로 JPA를 선택했을 것이다. 하지만 개발을 시작하고 2~3개월이 지나면 즉시로딩/지연로딩, 캐싱 기능을 저주하면서 조금 더 간단한 뭔가를 원하게 될 수도 있다. JPA는 좋은 도구이긴 하지만 많은 문제에 더 간단한 도구가 있을 수 있다.

다음으로 기본적인 CRUD 기능과 데이터베이스에서 활동(activity)들을 로드하기 위한 커스텀 쿼리를 제공하는 리포지토리 인터페이스를 생성하기 위해 스프링 데이터를 사용한다.

```
interface AccountRepository extends JpaRepository<AccountJpaEntity, Long> {
}
```

다음은 ActivityRepository 코드다.

```
interface ActivityRepository extends JpaRepository<ActivityJpaEntity, Long>
{
  @Query("select a from ActivityJpaEntity a " +
      "where a.ownerAccountId = :ownerAccountId " +
      "and a.timestamp >= :since")
  List<ActivityJpaEntity> findByOwnerSince(
      @Param("ownerAccountId") Long ownerAccountId,
      @Param("since") LocalDateTime since);

  @Query("select sum(a.amount) from ActivityJpaEntity a " +
      "where a.targetAccountId = :accountId " +
      "and a.ownerAccountId = :accountId " +
      "and a.timestamp < :until")
  Long getDepositBalanceUntil(
      @Param("accountId") Long accountId,
      @Param("until") LocalDateTime until);
```

```
@Query("select sum(a.amount) from ActivityJpaEntity a " +
    "where a.sourceAccountId = :accountId " +
    "and a.ownerAccountId = :accountId " +
    "and a.timestamp < :until")
Long getWithdrawalBalanceUntil(
    @Param("accountId") Long accountId,
    @Param("until") LocalDateTime until);

}
```

스프링 부트(Spring Boot)는 이 리포지토리를 자동으로 찾고, 스프링 데이터는 실제로
데이터베이스와 통신하는 리포지토리 인터페이스 구현체를 제공하는 마법을 부린다.

이제 JPA 엔티티와 리포지토리를 만들었으니 영속성 기능을 제공하는 영속성 어댑터를
구현해보자.

```
@RequiredArgsConstructor
@Component
class AccountPersistenceAdapter implements
    LoadAccountPort,
    UpdateAccountStatePort {

  private final AccountRepository accountRepository;
  private final ActivityRepository activityRepository;
  private final AccountMapper accountMapper;

  @Override
  public Account loadAccount(
    AccountId accountId,
    LocalDateTime baselineDate) {

    AccountJpaEntity account =
        accountRepository.findById(accountId.getValue())
```

```
            .orElseThrow(EntityNotFoundException::new);

    List<ActivityJpaEntity> activities =
        activityRepository.findByOwnerSince(
            accountId.getValue(),
            baselineDate);

    Long withdrawalBalance = orZero(activityRepository
        .getWithdrawalBalanceUntil(
            accountId.getValue(),
            baselineDate));

    Long depositBalance = orZero(activityRepository
        .getDepositBalanceUntil(
            accountId.getValue(),
            baselineDate));

    return accountMapper.mapToDomainEntity(
        account,
        activities,
        withdrawalBalance,
        depositBalance);
}

private Long orZero(Long value){
    return value == null ? 0L : value;
}

@Override
public void updateActivities(Account account) {
    for (Activity activity : account.getActivityWindow().getActivities()) {
        if (activity.getId() == null) {
            activityRepository.save(accountMapper.mapToJpaEntity(activity));
        }
```

```
        }
    }
}
```

영속성 어댑터는 애플리케이션에 필요한 `LoadAccountPort`와 `UpdateAccountStatePort`라는 2개의 포트를 구현했다.

데이터베이스로부터 계좌를 가져오기 위해 `AccountRepository`로 계좌를 불러온 다음, `ActivityRepository`로 해당 계좌의 특정 시간 범위 동안의 활동을 가져온다.

유효한 `Account` 도메인 엔티티를 생성하기 위해서는 이 활동창 시작 직전의 계좌 잔고가 필요하다. 그래야 데이터베이스로부터 모든 출금과 입금 정보를 가져와 합할 수 있다. 마지막으로 이 모든 데이터를 `Account` 도메인 엔티티에 매핑하고 호출자에게 반환한다.

계좌의 상태를 업데이트하기 위해서는 `Account` 엔티티의 모든 활동을 순회하며 ID가 있는지 확인해야 한다. 만약 ID가 없다면 새로운 활동이므로 `ActivityRepository`를 이용해 저장해야 한다.

앞에서 설명한 시나리오에서는 `Account`와 `Activity` 도메인 모델, `AccountJpaEntity`와 `ActivityJpaEntity` 데이터베이스 모델 간에 양방향 매핑이 존재한다. 왜 굳이 이런 수고를 해야 할까? 그냥 JPA 애너테이션을 `Account`와 `Activity` 클래스로 옮기고 이걸 그대로 데이터베이스에 엔티티로 저장하면 안 되는 걸까?

8장에서 살펴보겠지만 이런 '매핑하지 않기' 전략도 유효한 전략일 수 있다. 그러나 이 전략에서는 JPA로 인해 도메인 모델을 타협할 수밖에 없다. 예를 들어, JPA 엔티티는 기본 생성자를 필요로 한다. 또, 영속성 계층에서는 성능 측면에서 `@ManyToOne` 관계를 설정하는 것이 적절할 수 있지만, 예제에서는 항상 데이터의 일부만 가져오기를 바라기 때문에 도메인 모델에서는 이 관계가 반대가 되기를 원한다.

그러므로 영속성 측면과의 타협 없이 풍부한 도메인 모델을 생성하고 싶다면 도메인 모델과 영속성 모델을 매핑하는 것이 좋다.

데이터베이스 트랜잭션은 어떻게 해야 할까?

아직 데이터베이스 트랜잭션 이야기는 꺼내지도 않았다. 트랜잭션 경계는 어디에 위치시켜야 할까?

트랜잭션은 하나의 특정한 유스케이스에 대해서 일어나는 모든 쓰기 작업에 걸쳐 있어야한다. 그래야 그중 하나라도 실패할 경우 다 같이 롤백될 수 있기 때문이다.

영속성 어댑터는 어떤 데이터베이스 연산이 같은 유스케이스에 포함되는지 알지 못하기때문에 언제 트랜잭션을 열고 닫을지 결정할 수 없다. 이 책임은 영속성 어댑터 호출을관장하는 서비스에 위임해야 한다.

자바와 스프링에서 가장 쉬운 방법은 @Transactional 애너테이션을 애플리케이션 서비스 클래스에 붙여서 스프링이 모든 public 메서드를 트랜잭션으로 감싸게 하는 것이다.

```
package buckpal.application.service;

@Transactional
public class SendMoneyService implements SendMoneyUseCase {

  ...

}
```

만약 서비스가 @Transactional 애너테이션으로 오염되지 않고 깔끔하게 유지되길 원한다면 AspectJ 같은 도구를 이용해 관점 지향 프로그래밍(aspect-oriented programming)으로 트랜잭션 경계를 코드에 위빙(weaving)[23]할 수 있다.

---

23 (옮긴이) AOP에서 일반적으로 사용하는 용어로, 런타임이나 컴파일 타임에 관점을 코드에 연결하는 것

유지보수 가능한 소프트웨어를 만드는 데 어떻게 도움이 될까?

도메인 코드에 플러그인처럼 동작하는 영속성 어댑터를 만들면 도메인 코드가 영속성과 관련된 것들로부터 분리되어 풍부한 도메인 모델을 만들 수 있다.

좁은 포트 인터페이스를 사용하면 포트마다 다른 방식으로 구현할 수 있는 유연함이 생긴다. 심지어 포트 뒤에서 애플리케이션이 모르게 다른 영속성 기술을 사용할 수도 있다. 포트의 명세만 지켜진다면 영속성 계층 전체를 교체할 수도 있다.

07

아키텍처 요소 테스트하기

내가 목격한 많은 프로젝트에서 자동화된 테스트는 미스터리였다. 모두가 위키에 적혀 있는 따분한 규칙에 따라 테스트를 작성했지만 팀의 테스트 전략을 물었을 때 제대로 답변하는 이는 아무도 없었다.

이번 장에서는 육각형 아키텍처에서의 테스트 전략에 대해 이야기한다. 아키텍처의 각 요소들을 테스트할 수 있는 테스트 유형에 대해 논의할 것이다.

테스트 피라미드

그림 7.1의 테스트 피라미드에 따라 테스트에 관한 이야기를 시작해보자(테스트 피라미드는 마이크 콘의 책 《경험과 사례로 풀어낸 성공하는 애자일》(인사이트, 2012)에서 확인할 수 있다). 그림 7.1은 몇 개의 테스트와 어떤 종류의 테스트를 목표로 해야 하는지 결정하는 데 도움을 준다.

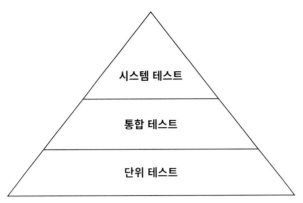

그림 7.1 테스트 피라미드에 따르면 비용이 많이 드는 테스트는 지양하고 비용이 적게 드는 테스트를 많이 만들어야 한다.

기본 전제는 만드는 비용이 적고, 유지보수하기 쉽고, 빨리 실행되고, 안정적인 작은 크기의 테스트들에 대해 높은 커버리지를 유지해야 한다는 것이다. 이 테스트는 하나의 '단위'(일반적으로 하나의 클래스)가 제대로 동작하는지 확인할 수 있는 단위 테스트들이다.

여러 개의 단위와 단위를 넘는 경계, 아키텍처 경계, 시스템 경계를 결합하는 테스트는 만드는 비용이 더 비싸지고, 실행이 더 느려지며 (기능 에러가 아닌 설정 에러로 인해) 깨지기 더 쉬워진다. 테스트 피라미드는 테스트가 비싸질수록 테스트의 커버리지 목표는 낮게 잡아야 한다는 것을 보여준다. 그렇지 않으면 새로운 기능을 만드는 것보다 테스트를 만드는 데 시간을 더 쓰게 되기 때문이다.

맥락에 따라 테스트 피라미드에 포함되는 계층은 달라질 수 있다. 육각형 아키텍처를 테스트하기 위해 내가 선택한 계층들을 한번 살펴보자. '단위 테스트', '통합 테스트', '시스템 테스트'의 정의는 맥락에 따라 다르다는 것을 알아두자. 프로젝트마다 다른 의미를 가질 수 있다는 뜻이다. 다음의 정의는 이번 장에서 사용하는 의미다.

단위 테스트는 피라미드의 토대에 해당한다. 일반적으로 하나의 클래스를 인스턴스화하고 해당 클래스의 인터페이스를 통해 기능들을 테스트한다. 만약 테스트 중인 클래스[24]가

---

24 (옮긴이) 원문의 'Class Under Test'를 번역했습니다. 일반적으로 단위 테스트의 대상이 클래스인 경우를 가리켜 Class Under Test(CUT)라고 부릅니다. 《xUnit 테스트 패턴》(에이콘출판사, 2010)에서는 테스트 대상이 객체, 특정 메서드, 전체 시스템일 수도 있으므로 이들을 포괄하는 System Under Test(SUT; 테스트 중인 시스템)라는 용어를 제안하고 있습니다.

다른 클래스에 의존한다면 의존되는 클래스들은 인스턴스화하지 않고 테스트하는 동안 필요한 작업들을 흉내 내는 목(mock)으로 대체한다.

피라미드의 다음 계층은 통합 테스트다. 이 테스트는 연결된 여러 유닛을 인스턴스화하고 시작점이 되는 클래스의 인터페이스로 데이터를 보낸 후 유닛들의 네트워크가 기대한 대로 잘 동작하는지 검증한다. 이 책에서 정의한 통합 테스트에서는 두 계층 간의 경계를 걸쳐서 테스트할 수 있기 때문에 객체 네트워크가 완전하지 않거나 어떤 시점에는 목을 대상으로 수행해야 한다.

마지막으로 시스템 테스트는 애플리케이션을 구성하는 모든 객체 네트워크를 가동시켜 특정 유스케이스가 전 계층에서 잘 동작하는지 검증한다.

시스템 테스트 위에는 애플리케이션의 UI를 포함하는 엔드투엔드(end-to-end) 테스트 층이 있을 수 있다. 하지만 이 책에서는 백엔드 아키텍처에 대해서 논의하고 있으므로 이 엔드투엔드 테스트에 대해서는 고려하지 않기로 한다.

지금까지 테스트의 종류를 정의했으므로 육각형 아키텍처의 각 계층에 가장 적합한 테스트가 어떤 종류인지 살펴보자.

단위 테스트로 도메인 엔티티 테스트하기

먼저 육각형 아키텍처의 중심인 도메인 엔티티를 살펴보자. 4장에서 본 Account 엔티티를 떠올려보자. Account의 상태는 과거 특정 시점의 계좌 잔고(baselineBalance)와 그 이후의 입출금 내역(activity)으로 구성돼 있다. withdraw() 메서드가 기대한 대로 동작하는지 검증해보자.

```
class AccountTest {

  @Test
  void withdrawalSucceeds() {
```

```
    AccountId accountId = new AccountId(1L);
    Account account = defaultAccount()
        .withAccountId(accountId)
        .withBaselineBalance(Money.of(555L))
        .withActivityWindow(new ActivityWindow(
            defaultActivity()
                .withTargetAccount(accountId)
                .withMoney(Money.of(999L)).build(),
            defaultActivity()
                .withTargetAccount(accountId)
                .withMoney(Money.of(1L)).build()))
        .build();

    boolean success = account.withdraw(Money.of(555L), new AccountId(99L));

    assertThat(success).isTrue();
    assertThat(account.getActivityWindow().getActivities()).hasSize(3);
    assertThat(account.calculateBalance()).isEqualTo(Money.of(1000L));
    }
}
```

위 코드는 특정 상태의 Account를 인스턴스화하고 withdraw() 메서드를 호출해서 출금
을 성공했는지 검증하고, Account 객체의 상태에 대해 기대되는 부수효과들이 잘 일어났
는지 확인하는 단순한 단위 테스트다.

이 테스트는 만들고 이해하는 것도 쉬운 편이고, 아주 빠르게 실행된다. 테스트가 이보다
간단할 수는 없다. 이런 식의 단위 테스트가 도메인 엔티티에 녹아 있는 비즈니스 규칙을
검증하기에 가장 적절한 방법이다. 도메인 엔티티의 행동은 다른 클래스에 거의 의존하
지 않기 때문에 다른 종류의 테스트는 필요하지 않다.

단위 테스트로 유스케이스 테스트하기

계층의 바깥쪽으로 나가서, 다음으로 테스트할 아키텍처 요소는 유스케이스다. 4장에서 본 SendMoneyService의 테스트를 살펴보자. SendMoney 유스케이스는 출금 계좌의 잔고가 다른 트랜잭션에 의해 변경되지 않도록 락(lock)을 건다. 출금 계좌에서 돈이 출금되고 나면 똑같이 입금 계좌에 락을 걸고 돈을 입금시킨다. 그러고 나서 두 계좌에서 모두 락을 해제한다.

다음 코드는 트랜잭션이 성공했을 때 모든 것이 기대한 대로 동작하는지 검증한다.

```java
class SendMoneyServiceTest {

  // 필드 선언은 생략

  @Test
  void transactionSucceeds() {

    Account sourceAccount = givenSourceAccount();
    Account targetAccount = givenTargetAccount();

    givenWithdrawalWillSucceed(sourceAccount);
    givenDepositWillSucceed(targetAccount);

    Money money = Money.of(500L);

    SendMoneyCommand command = new SendMoneyCommand(
        sourceAccount.getId(),
        targetAccount.getId(),
        money);

    boolean success = sendMoneyService.sendMoney(command);
```

```
    assertThat(success).isTrue();

    AccountId sourceAccountId = sourceAccount.getId();
    AccountId targetAccountId = targetAccount.getId();

    then(accountLock).should().lockAccount(eq(sourceAccountId));
    then(sourceAccount).should().withdraw(eq(money), eq(targetAccountId));
    then(accountLock).should().releaseAccount(eq(sourceAccountId));

    then(accountLock).should().lockAccount(eq(targetAccountId));
    then(targetAccount).should().deposit(eq(money), eq(sourceAccountId));
    then(accountLock).should().releaseAccount(eq(targetAccountId));

    thenAccountsHaveBeenUpdated(sourceAccountId, targetAccountId);
  }

  // 헬퍼 메서드는 생략
}
```

테스트의 가독성을 높이기 위해 행동-주도 개발(behavior driven development)에서 일반적으로 사용되는 방식대로 given/when/then 섹션으로 나눴다.

'given' 섹션에서는 출금 및 입금 Account의 인스턴스를 각각 생성하고 적절한 상태로 만들어서 given…()으로 시작하는 메서드에 인자로 넣었다. SendMoneyCommand 인스턴스도 만들어서 유스케이스의 입력으로 사용했다. 'when' 섹션에서는 유스케이스를 실행하기 위해 sendMoney() 메서드를 호출했다. 'then' 섹션에서는 트랜잭션이 성공적이었는지 확인하고, 출금 및 입금 Account, 그리고 계좌에 락을 걸고 해제하는 책임을 가진 AccountLock에 대해 특정 메서드가 호출됐는지 검증한다.

코드에는 없지만 테스트는 Mockito 라이브러리[25]를 이용해 given...() 메서드의 목 객체를 생성한다. Mockito는 목 객체에 대해 특정 메서드가 호출됐는지 검증할 수 있는 then() 메서드도 제공한다.

테스트 중인 유스케이스 서비스는 상태가 없기(stateless) 때문에 'then' 섹션에서 특정 상태를 검증할 수 없다. 대신 테스트는 서비스가 (모킹된) 의존 대상의 특정 메서드와 상호작용했는지 여부를 검증한다. 이는 테스트가 코드의 **행동** 변경뿐만 아니라 코드의 **구조** 변경에도 취약해진다는 의미가 된다. 자연스럽게 코드가 리팩터링되면 테스트도 변경될 확률이 높아진다.

그렇기 때문에, 테스트에서 어떤 상호작용을 검증하고 싶은지 신중하게 생각해야 한다. 앞의 예제처럼 **모든** 동작을 검증하는 대신 중요한 핵심만 골라 집중해서 테스트하는 것이 좋다. 만약 모든 동작을 검증하려고 하면 클래스가 조금이라도 바뀔 때마다 테스트를 변경해야 한다. 이는 테스트의 가치를 떨어뜨리는 일이다.

이 테스트는 단위 테스트이긴 하지만 의존성의 상호작용을 테스트하고 있기 때문에 통합 테스트에 가깝다. 그렇지만 목으로 작업하고 있고 실제 의존성을 관리해야 하는 것은 아니기 때문에 완전한 통합 테스트에 비해 만들고 유지보수하기가 쉽다.

통합 테스트로 웹 어댑터 테스트하기

한 계층 더 바깥으로 나가면 어댑터에 도착한다. 웹 어댑터를 테스트해보자.

웹 어댑터는 JSON 문자열 등의 형태로 HTTP를 통해 입력을 받고, 입력에 대한 유효성 검증을 하고, 유스케이스에서 사용할 수 있는 포맷으로 매핑하고, 유스케이스에 전달한다. 그리고 나서 다시 유스케이스의 결과를 JSON으로 매핑하고 HTTP 응답을 통해 클라이언트에 반환했다.

---

[25] https://site.mockito.org/

웹 어댑터 테스트에서는 앞의 모든 단계들이 기대한 대로 동작하는지 검증해야 한다.

```java
@WebMvcTest(controllers = SendMoneyController.class)
class SendMoneyControllerTest {

    @Autowired
    private MockMvc mockMvc;

    @MockBean
    private SendMoneyUseCase sendMoneyUseCase;

    @Test
    void testSendMoney() throws Exception {

        mockMvc.perform(
            post("/accounts/send/{sourceAccountId}/{targetAccountId}/{amount}",
                41L, 42L, 500)
              .header("Content-Type", "application/json"))
              .andExpect(status().isOk());

        then(sendMoneyUseCase).should()
            .sendMoney(eq(new SendMoneyCommand(
                new AccountId(41L),
                new AccountId(42L),
                Money.of(500L))));
    }

}
```

위 코드는 스프링 부트 프레임워크에서 SendMoneyController라는 웹 컨트롤러를 테스트
하는 표준적인 통합 테스트 방법이다. testSendMoney() 메서드에서는 입력 객체를 만들

고 목 HTTP 요청을 웹 컨트롤러에 보낸다. 요청 바디는 JSON 문자열의 형태로 입력 객체를 포함한다.

isOk() 메서드로 HTTP 응답의 상태가 200임을 검증하고, 모킹한 유스케이스가 잘 호출됐는지 검증한다.

웹 어댑터의 책임 대부분은 이 테스트로 커버된다.

MockMvc 객체를 이용해 모킹했기 때문에 실제로 HTTP 프로토콜을 통해 테스트한 것은 아니다. 프레임워크가 HTTP 프로토콜에 맞게 모든 것을 적절히 잘 변환한다고 믿는 것이다(프레임워크를 테스트할 필요는 없으니 말이다).

그러나 입력을 JSON에서 SendMoneyCommand 객체로 매핑하는 전 과정은 다루고 있다. 만약 SendMoneyCommand 객체를 4장에서처럼 자체 검증 커맨드로 만들었다면 이 매핑이 유스케이스에 구문적으로 유효한 입력을 생성했는지도 확인할 것이다. 또한 유스케이스가 실제로 호출됐는지도 검증했고, HTTP 응답이 기대한 상태를 반환했는지도 검증했다.

그럼 왜 이 테스트가 단위 테스트가 아닌 통합 테스트일까? 이 테스트에서는 하나의 웹 컨트롤러 클래스만 테스트한 것처럼 보이지만, 사실 보이지 않는 곳에서 더 많은 일들이 벌어지고 있다. @WebMvcTest 애너테이션은 스프링이 특정 요청 경로, 자바와 JSON 간의 매핑, HTTP 입력 검증 등에 필요한 전체 객체 네트워크를 인스턴스화하도록 만든다. 그리고 테스트에서는 웹 컨트롤러가 이 네트워크의 일부로서 잘 동작하는지 검증한다.

웹 컨트롤러가 스프링 프레임워크에 강하게 묶여 있기 때문에 격리된 상태로 테스트하기보다는 이 프레임워크와 통합된 상태로 테스트하는 것이 합리적이다. 웹 컨트롤러를 평범한 단위 테스트로 테스트하면 모든 매핑, 유효성 검증, HTTP 항목에 대한 커버리지가 낮아지고, 프레임워크를 구성하는 이런 요소들이 프로덕션 환경에서 정상적으로 작동할지 확신할 수 없게 된다.

통합 테스트로 영속성 어댑터 테스트하기

비슷한 이유로 영속성 어댑터의 테스트에는 단위 테스트보다는 통합 테스트를 적용하는 것이 합리적이다. 단순히 어댑터의 로직만 검증하고 싶은 게 아니라 데이터베이스 매핑도 검증하고 싶기 때문이다.

6장에서 만든 영속성 어댑터를 테스트해보자. 어댑터에는 Account 엔티티를 데이터베이스로부터 가져오는 메서드 하나와 새로운 계좌 활동을 데이터베이스에 저장하는 메서드까지 총 2개의 메서드가 있었다.

```
@DataJpaTest
@Import({AccountPersistenceAdapter.class, AccountMapper.class})
class AccountPersistenceAdapterTest {

  @Autowired
  private AccountPersistenceAdapter adapterUnderTest;

  @Autowired
  private ActivityRepository activityRepository;

  @Test
  @Sql("AccountPersistenceAdapterTest.sql")
  void loadsAccount() {
    Account account = adapter.loadAccount(
        new AccountId(1L),
        LocalDateTime.of(2018, 8, 10, 0, 0));

    assertThat(account.getActivityWindow().getActivities()).hasSize(2);
    assertThat(account.calculateBalance()).isEqualTo(Money.of(500));
  }

  @Test
```

```
void updatesActivities() {
  Account account = defaultAccount()
    .withBaselineBalance(Money.of(555L))
    .withActivityWindow(new ActivityWindow(
        defaultActivity()
            .withId(null)
            .withMoney(Money.of(1L)).build()))
    .build();

  adapter.updateActivities(account);

  assertThat(activityRepository.count()).isEqualTo(1);

  ActivityJpaEntity savedActivity = activityRepository.findAll().get(0);
  assertThat(savedActivity.getAmount()).isEqualTo(1L);
}

}
```

@DataJpaTest 애너테이션으로 스프링 데이터 리포지토리들을 포함해서 데이터베이스 접근에 필요한 객체 네트워크를 인스턴스화해야 한다고 스프링에 알려준다. @Import 애너테이션을 추가해서 특정 객체가 이 네트워크에 추가됐다는 것을 명확하게 표현할 수 있다. 이 객체들은 테스트 상에서 어댑터가 도메인 객체를 데이터베이스 객체로 매핑하는 등의 작업에 필요하다.

loadAccount() 메서드에 대한 테스트에서는 SQL 스크립트를 이용해 데이터베이스를 특정 상태로 만든다. 그런 다음, 어댑터 API를 이용해 계좌를 가져온 후 SQL 스크립트에서 설정한 상태값을 가지고 있는지 검증한다.

updateActivities() 메서드에 대한 테스트는 반대로 동작한다. 새로운 계좌 활동을 가진 Account 객체를 만들어서 저장하기 위해 어댑터로 전달한다. 그리고 나서 AcitivtyRepository의 API를 이용해 이 활동이 데이터베이스에 잘 저장됐는지 확인한다.

이 테스트에서는 데이터베이스를 모킹하지 않았다는 점이 중요하다. 테스트가 실제로 데이터베이스에 접근한다. 데이터베이스를 모킹했더라도 테스트는 여전히 같은 코드 라인 수만큼 커버해서 똑같이 높은 커버리지를 보여줬을 것이다. 하지만 높은 커버리지도 불구하고 여전히 실제 데이터베이스와 연동했을 때 SQL 구문의 오류나 데이터베이스 테이블과 자바 객체 간의 매핑 에러 등으로 문제가 생길 확률이 높아진다.

참고로 스프링에서는 기본적으로 인메모리(in-memory) 데이터베이스를 테스트에서 사용한다. 아무것도 설정할 필요 없이 곧바로 테스트할 수 있으므로 아주 실용적이다.

하지만 프로덕션 환경에서는 인메모리 데이터베이스를 사용하지 않는 경우가 많기 때문에 인메모리 데이터베이스에서 테스트가 완벽하게 통과했더라도 실제 데이터베이스에서는 문제가 생길 가능성이 높다. 예를 들면, 데이터베이스마다 고유한 SQL 문법이 있어서 이 부분이 문제가 되는 식으로 말이다.

이러한 이유로 영속성 어댑터 테스트는 실제 데이터베이스를 대상으로 진행해야 한다. Testcontainers[26] 같은 라이브러리는 필요한 데이터베이스를 도커 컨테이너에 띄울 수 있기 때문에 이런 측면에서 아주 유용하다.

실제 데이터베이스를 대상으로 테스트를 실행하면 두 개의 다른 데이터베이스 시스템을 신경 쓸 필요가 없다는 장점도 생긴다. 만약 테스트에서 인메모리 데이터베이스를 사용하면 특정 방식으로 데이터베이스를 설정하거나 데이터베이스별로 두 가지 버전의 데이터베이스 마이그레이션 스크립트를 만들어 둬야 할 텐데, 절대 그러고 싶진 않을 것이다.

시스템 테스트로 주요 경로 테스트하기

피라미드의 최상단에 있는 시스템 테스트는 전체 애플리케이션을 띄우고 API를 통해 요청을 보내고, 모든 계층이 조화롭게 잘 동작하는지 검증한다.

---

26 https://www.testcontainers.org/

'송금하기' 유스케이스의 시스템 테스트에서는 애플리케이션에 HTTP 요청을 보내고 계좌의 잔고를 확인하는 것을 포함해서 응답을 검증한다.

```java
@SpringBootTest(webEnvironment = WebEnvironment.RANDOM_PORT)
class SendMoneySystemTest {

  @Autowired
  private TestRestTemplate restTemplate;

  @Test
  @Sql("SendMoneySystemTest.sql")
  void sendMoney() {

    Money initialSourceBalance = sourceAccount().calculateBalance();
    Money initialTargetBalance = targetAccount().calculateBalance();

    ResponseEntity response = whenSendMoney(
        sourceAccountId(),
        targetAccountId(),
        transferredAmount());

    then(response.getStatusCode())
        .isEqualTo(HttpStatus.OK);

    then(sourceAccount().calculateBalance())
        .isEqualTo(initialSourceBalance.minus(transferredAmount()));

    then(targetAccount().calculateBalance())
        .isEqualTo(initialTargetBalance.plus(transferredAmount()));

  }

  private ResponseEntity whenSendMoney(
```

```
        AccountId sourceAccountId,
        AccountId targetAccountId,
        Money amount) {

    HttpHeaders headers = new HttpHeaders();
    headers.add("Content-Type", "application/json");
    HttpEntity<Void> request = new HttpEntity<>(null, headers);

    return restTemplate.exchange(
        "/accounts/sendMoney/{sourceAccountId}/{targetAccountId}/{amount}",
        HttpMethod.POST,
        request,
        Object.class,
        sourceAccountId.getValue(),
        targetAccountId.getValue(),
        amount.getAmount());
  }


  // 일부 헬퍼 메서드는 생략
}
```

@SpringBootTest 애너테이션은 스프링이 애플리케이션을 구성하는 모든 객체 네트워크를 띄우게 한다. 또한 랜덤 포트로 이 애플리케이션을 띄우도록 설정하고 있다.

test 메서드에서는 요청을 생성해서 애플리케이션에 보내고 응답 상태와 계좌의 새로운 잔고를 검증한다.

여기서는 웹 어댑터에서처럼 MockMvc를 이용해 요청을 보내는 것이 아니라 TestRestTemplate을 이용해서 요청을 보낸다. 테스트를 프로덕션 환경에 조금 더 가깝게 만들기 위해 실제 HTTP 통신을 하는 것이다.

실제 HTTP 통신을 하는 것처럼 실제 출력 어댑터도 이용한다. 예제에서 출력 어댑터는 애플리케이션과 데이터베이스를 연결하는 영속성 어댑터 뿐이다. 다른 시스템과 통신하는 애플리케이션의 경우에는 다른 출력 어댑터들도 있을 수 있다. 시스템 테스트라고 하더라도 언제나 서드파티 시스템을 실행해서 테스트할 수 있는 것은 아니기 때문에 결국 모킹을 해야 할 때도 있다. 육각형 아키텍처는 이러한 경우 몇 개의 출력 포트 인터페이스만 모킹하면 되기 때문에 아주 쉽게 이 문제를 해결할 수 있다.

참고로 테스트 가독성을 높이기 위해 지저분한 로직들을 헬퍼 메서드 안으로 감췄다. 이제 이 헬퍼 메서드들은 여러 가지 상태를 검증할 때 사용할 수 있는 도메인 특화 언어(domain-specific language, DSL)[27]를 형성한다.

이러한 도메인 특화 언어는 어떤 테스트에서도 유용하지만 시스템 테스트에서는 더욱 의미를 가진다. 시스템 테스트는 단위 테스트나 통합 테스트가 할 수 있는 것보다 훨씬 더실제 사용자를 잘 흉내 내기 때문에 사용자 관점에서 애플리케이션을 검증할 수 있다. 적절한 어휘를 사용하면 훨씬 더 쉬워지고 말이다. 어휘를 사용하면 애플리케이션 사용자를 상징하지만 프로그래머는 아닌 도메인 전문가가 테스트에 대해 생각하고 피드백을 줄수 있다. JGiven[28] 같은 행동 주도 개발을 위한 라이브러리는 테스트용 어휘를 만드는 데도움을 준다.

이전 절에서 이야기한 바와 같이 단위 테스트와 통합 테스트를 만들었다면 시스템 테스트는 앞서 커버한 코드와 겹치는 부분이 많을 것이다. 그럼 추가적인 다른 장점도 있을까? 물론이다. 일반적으로 시스템 테스트는 단위 테스트와 통합 테스트가 발견하는 버그와는 또 다른 종류의 버그를 발견해서 수정할 수 있게 해준다. 예를 들어, 단위 테스트나통합 테스트만으로는 알아차리지 못했을 계층 간 매핑 버그 같은 것들 말이다.

시스템 테스트는 여러 개의 유스케이스를 결합해서 시나리오를 만들 때 더 빛이 난다. 각시나리오는 사용자가 애플리케이션을 사용하면서 거쳐갈 특정 경로를 의미한다. 시스템테스트를 통해 중요한 시나리오들이 커버된다면 최신 변경사항들이 애플리케이션을 망가뜨리지 않았음을 가정할 수 있고, 배포될 준비가 됐다는 확신을 가질 수 있다.

---

27 (옮긴이) 이 책에서 예를 들고 있는 자바와 같이 어느 도메인에서나 적용 가능한 범용 언어(general-purpose language)와 반대되는 개념으로, 특정한 도메인을 적용하는 데 특화된 언어를 의미합니다.

28 http://jgiven.org/

얼마만큼의 테스트가 충분할까?

내가 속했던 많은 팀에서는 이 질문에 대답하지 못했다. 테스트가 코드의 80%를 커버하면 충분할까? 아니면 그보다 높아야 할까?

라인 커버리지(line coverage)[29]는 테스트 성공을 측정하는 데 있어서는 잘못된 지표다. 코드의 중요한 부분이 전혀 커버되지 않을 수 있기 때문에 100%를 제외한 어떤 목표도 완전히 무의미하다. 그리고 심지어 100%라 하더라도 버그가 잘 잡혔는지 확신할 수 없다.

나는 얼마나 마음 편하게 소프트웨어를 배포할 수 있느냐를 테스트의 성공 기준으로 삼으면 된다고 생각한다. 테스트를 실행한 후에 소프트웨어를 배포해도 될 만큼 테스트를 신뢰한다면 그것으로 된 것이다. 더 자주 배포할수록 테스트를 더 신뢰할 수 있다. 일 년에 두 번만 배포한다면 테스트를 신뢰할 수 없을 것이다. 왜냐하면 일 년에 두 번만 검증되기 때문이다.

처음 몇 번의 배포에는 믿음의 도약이 필요하다. 그렇지만 프로덕션의 **버그를 수정하고 이로부터 배우는 것**을 우선순위로 삼으면 제대로 가고 있는 것이다.

각각의 프로덕션 버그에 대해서 "테스트가 이 버그를 왜 잡지 못했을까?"를 생각하고 이에 대한 답변을 기록하고, 이 케이스를 커버할 수 있는 테스트를 추가해야 한다. 시간이 지나면 이 작업들이 배포할 때 마음을 편하게 해줄 것이고, 남겨둔 기록은 시간이 지날수록 상황이 개선되고 있음을 증명해줄 것이다.

하지만 우리가 만들어야 할 테스트를 정의하는 전략으로 시작하는 것도 좋다. 다음은 육각형 아키텍처에서 사용하는 전략이다.

- 도메인 엔티티를 구현할 때는 단위 테스트로 커버하자
- 유스케이스를 구현할 때는 단위 테스트로 커버하자

---

29 (옮긴이) 테스트를 실행했을 때 실행된 라인의 수를 전체 라인 수 대비 퍼센티지로 나타낸 값

- 어댑터를 구현할 때는 통합 테스트로 커버하자
- 사용자가 취할 수 있는 중요 애플리케이션 경로는 시스템 테스트로 커버하자

'구현할 때는'이라는 문구에 주목하자. 만약 테스트가 기능 개발 후가 아닌 개발 중에 이뤄진다면 하기 싫은 귀찮은 작업이 아니라 개발 도구로 느껴질 것이다.

하지만 새로운 필드를 추가할 때마다 테스트를 고치는 데 한 시간을 써야 한다면 뭔가 잘못된 것이다. 아마도 테스트가 코드의 구조적 변경에 너무 취약할 것이므로 어떻게 개선할지 살펴봐야 한다. 리팩터링할 때마다 테스트 코드도 변경해야 한다면 테스트는 테스트로서의 가치를 잃는다.

유지보수 가능한 소프트웨어를 만드는 데 어떻게 도움이 될까?

육각형 아키텍처는 도메인 로직과 바깥으로 향한 어댑터를 깔끔하게 분리한다. 덕분에 핵심 도메인 로직은 단위 테스트로, 어댑터는 통합 테스트로 처리하는 명확한 테스트 전략을 정의할 수 있다.

입출력 포트는 테스트에서 아주 뚜렷한 모킹 지점이 된다. 각 포트에 대해 모킹할지, 실제 구현을 이용할지 선택할 수 있다. 만약 포트가 아주 작고 핵심만 담고 있다면 모킹하는 것이 아주 쉬울 것이다. 포트 인터페이스가 더 적은 메서드를 제공할수록 어떤 메서드를 모킹해야 할지 덜 헷갈린다.

모킹하는 것이 너무 버거워지거나 코드의 특정 부분을 커버하기 위해 어떤 종류의 테스트를 써야 할지 모르겠다면 이는 경고 신호다. 이런 측면에서 테스트는 아키텍처의 문제에 대해 경고하고 유지보수 가능한 코드를 만들기 위한 올바른 길로 인도하는 카나리아의 역할도 한다고 할 수 있다.

08

경계 간 매핑하기

이 책의 전반부에서는 웹, 애플리케이션, 도메인, 영속성 계층이 무엇이고, 하나의 유스케이스를 구현하기 위해 각 계층이 어떤 역할을 하는지에 대해 다뤘다.

그런데 늘상 겪는 문제인 각 계층의 모델을 매핑하는 것에 대해서는 거의 다루지 않았다. 여러분도 매퍼 구현을 피하기 위해 두 계층에서 같은 모델을 사용하는 것에 대해 논의해 본 적이 있을 것이다.

아마 논쟁은 이런 식으로 진행됐을 것이다.

매핑에 찬성하는 개발자:

두 계층 간에 매핑을 하지 않으면 양 계층에서 같은 모델을 사용해야 하는데 이렇게 하면 두 계층이 강하게 결합됩니다.

매핑에 반대하는 개발자:

하지만 두 계층 간에 매핑을 하게 되면 보일러플레이트 코드를 너무 많이 만들게 돼요. 많은 유스케이스들이 오직 CRUD만 수행하고 계층에 걸쳐 같은 모델을 사용하기 때문에 계층 사이의 매핑은 과합니다.

두 개발자 모두 일정 부분 맞다. 이 개발자들이 결정하는 데 도움이 되도록 몇 가지 매핑 전략을 장단점과 함께 알아보자.

'매핑하지 않기' 전략

첫 번째 전략은 '매핑하지 않기(No Mapping)' 전략이다.

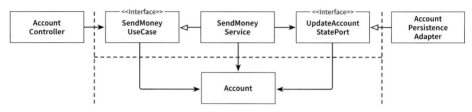

그림 8.1 포트 인터페이스가 도메인 모델을 입출력 모델로 사용하면 두 계층 간의 매핑을 할 필요가 없다.

그림 8.1은 예제의 '송금하기' 유스케이스와 관련된 요소들이다.

웹 계층에서는 웹 컨트롤러가 SendMoneyUseCase 인터페이스를 호출해서 유스케이스를 실행한다. 이 인터페이스는 Account 객체를 인자로 가진다. 즉, 웹 계층과 애플리케이션 계층 모두 Account 클래스에 접근해야 한다는 것(두 계층이 같은 모델을 사용)을 의미한다.

반대쪽의 영속성 계층과 애플리케이션 계층도 같은 관계다. 모든 계층이 같은 모델을 사용하니 계층 간 매핑을 전혀 할 필요가 없다.

그런데 이 설계의 결과는 어떨까?

웹 계층과 영속성 계층은 모델에 대해 특별한 요구사항이 있을 수 있다. 예를 들어, 웹 계층에서 REST로 모델을 노출시켰다면 모델을 JSON으로 직렬화하기 위한 애너테이션을 모델 클래스의 특정 필드에 붙여야 할 수도 있다. 영속성 계층에 대해서도 마찬가지다. ORM 프레임워크를 사용한다면 데이터베이스 매핑을 위한 특정 애너테이션이 필요할 것이다.

도메인과 애플리케이션 계층은 웹이나 영속성과 관련된 특수한 요구사항에 관심이 없음에도 불구하고 Account 도메인 모델 클래스는 이런 모든 요구사항을 다뤄야 한다.

Account 클래스는 웹, 애플리케이션, 영속성 계층과 관련된 이유로 인해 변경돼야 하기 때문에 **단일 책임 원칙**을 위반한다.

기술적인 요구사항이 아니더라도, 각 계층이 Account 클래스에 특정 커스텀 필드를 두도록 요구할 수 있다. 그 결과, 오로지 한 계층에서만 필요한 필드들을 포함하는 파편화된 도메인 모델로 이어질 수 있다.

그럼 '매핑하지 않기' 전략을 절대로 쓰면 안 된다는 뜻일까? 그렇지는 않다.

지저분하게 느껴질 수는 있지만 '매핑하지 않기' 전략이 딱 들어맞을 때가 있다.

간단한 CRUD 유스케이스를 생각해보자. 같은 필드를 가진 웹 모델을 도메인 모델로, 혹은 도메인 모델을 영속성 모델로 매핑할 필요가 있을까? 그럴 필요는 없다.

도메인 모델에 추가한 JSON이나 ORM 애너테이션은 어떨까? 진짜 방해가 될까? 영속성 계층의 뭔가가 바뀌었을 때 도메인 모델의 애너테이션 한두 개를 바꿔야 하더라도 그게 무슨 상관인가?

모든 계층이 정확히 같은 구조의, 정확히 같은 정보를 필요로 한다면 '매핑하지 않기' 전략은 완벽한 선택지다.

그러나 애플리케이션 계층이나 도메인 계층에서 웹과 영속성 문제를 다루게 되면(애너테이션을 제외하더라도 말이다) 곧바로 다른 전략을 취해야 한다.

이쯤에서 앞에서 언급한 두 개발자에게 줄 수 있는 교훈이 하나 있다. 어떤 매핑 전략을 선택했더라도 나중에 언제든 바꿀 수 있다는 것이다.

내 경험에 의하면 많은 유스케이스들이 간단한 CRUD 유스케이스로 시작했다가 시간이 지남에 따라 값비싼 매핑 전략이 필요한, 풍부한 행동과 유효성 검증을 가진 제대로 된 비즈니스 유스케이스로 바뀌어갔기 때문이다. 또는 영원히 CRUD 유스케이스로 남을 수도 있겠지만, 이 경우에는 다른 매핑 전략에 시간을 들이지 않았기 때문에 이것 역시 반가운 일이다.

'양방향' 매핑 전략

각 계층이 전용 모델을 가진 매핑 전략을 '양방향(Two-Way)' 매핑 전략이라고 한다. 그림 8.2를 보자.

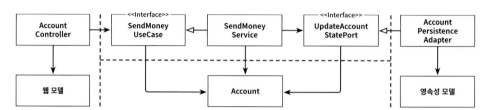

그림 8.2 각 어댑터가 전용 모델을 가지고 있어서 해당 모델을 도메인 모델로, 도메인 모델을 해당 모델로 매핑할 책임을 가지고 있다.

각 계층은 도메인 모델과는 완전히 다른 구조의 전용 모델을 가지고 있다.

웹 계층에서는 웹 모델을 인커밍 포트에서 필요한 도메인 모델로 매핑하고, 인커밍 포트에 의해 반환된 도메인 객체를 다시 웹 모델로 매핑한다.

영속성 계층은 아웃고잉 포트가 사용하는 도메인 모델과 영속성 모델 간의 매핑과 유사한 매핑을 담당한다.

두 계층 모두 양방향으로 매핑하기 때문에 '양방향' 매핑이라고 부른다.

각 계층이 전용 모델을 가지고 있는 덕분에 각 계층이 전용 모델을 변경하더라도 다른 계층에는 영향이 없다(내용이 변경되지 않는 한). 그래서 웹 모델은 데이터를 최적으로 표현할 수 있는 구조를 가질 수 있고, 도메인 모델은 유스케이스를 제일 잘 구현할 수 있는 구조를 가질 수 있다. 그리고 영속성 모델은 데이터베이스에 객체를 저장하기 위해 ORM에서 필요로 하는 구조를 가질 수 있다.

이 매핑 전략은 웹이나 영속성 관심사로 오염되지 않은 깨끗한 도메인 모델로 이어진다. JSON이나 ORM 매핑 애너테이션도 없어도 된다. 단일 책임 원칙을 만족하는 것이다.

'양방향' 매핑의 또 다른 장점은 개념적으로는 '매핑하지 않기' 전략 다음으로 간단한 전략이라는 것이다. 매핑 책임이 명확하다. 즉, 바깥쪽 계층/어댑터는 안쪽 계층의 모델로 매핑하고, 다시 반대 방향으로 매핑한다. 안쪽 계층은 해당 계층의 모델만 알면 되고 매핑 대신 도메인 로직에 집중할 수 있다.

다른 매핑 전략과 마찬가지로 '양방향' 매핑도 단점이 있다.

먼저, 너무 많은 보일러플레이트 코드가 생긴다. 코드의 양을 줄이기 위해 매핑 프레임워크를 사용하더라도 두 모델 간 매핑을 구현하는 데는 꽤 시간이 든다. 특히 매핑 프레임워크가 내부 동작 방식을 제네릭 코드와 리플렉션 뒤로 숨길 경우 매핑 로직을 디버깅하는 것은 꽤나 고통스럽기 때문이다.

또 다른 단점은 도메인 모델이 계층 경계를 넘어서 통신하는 데 사용되고 있다는 것이다. 인커밍 포트와 아웃고잉 포트는 도메인 객체를 입력 파라미터와 반환값으로 사용한다. 도메인 모델은 도메인 모델의 필요에 의해서만 변경되는 것이 이상적이지만 바깥쪽 계층의 요구에 따른 변경에 취약해지는 것이다.

'매핑하지 않기' 전략과 마찬가지로 '양방향' 매핑 전략도 은총알(silver bullet)[30]이 아니다. 하지만 많은 프로젝트에서 이런 종류의 매핑은 아주 간단한 CRUD 유스케이스에서조차 전체 코드에 걸쳐 준수해야 하는 신성한 법칙으로 여겨지곤 한다. 이는 개발을 불필요하게 더디게 만든다.

어떤 매핑 전략도 철칙처럼 여겨져서는 안 된다. 그 대신 각 유스케이스마다 적절한 전략을 택할 수 있어야 한다.

---

30 (옮긴이) 프레드 브룩스가 1986년에 쓴 'No Silver Bullet'(은총알은 없다) 논문에서 나온 비유로, 어떤 엔지니어링 상황에서도 완벽하게 잘 들어맞는 해결책을 의미합니다.

'완전' 매핑 전략

또 다른 매핑 전략은 그림 8.3에 나온 '완전(Full)' 매핑 전략이다.

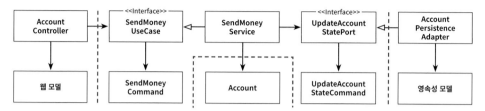

그림 8.3 각 연산이 전용 모델을 필요로 하기 때문에 웹 어댑터와 애플리케이션 계층 각각이 자신의 전용 모델을 각 연산을 실행하는 데 필요한 모델로 매핑한다.

이 매핑 전략에서는 각 연산마다 별도의 입출력 모델을 사용한다. 계층 경계를 넘어 통신할 때 도메인 모델을 사용하는 대신 그림 8.3의 SendMoneyUseCase 포트의 입력 모델로 동작하는 SendMoneyCommand처럼 각 작업에 특화된 모델을 사용한다. 이런 모델을 가리켜 '커맨드(command)', '요청(request)' 혹은 이와 비슷한 단어로 표현한다.

웹 계층은 입력을 애플리케이션 계층의 커맨드 객체로 매핑할 책임을 가지고 있다. 이러한 커맨드 객체는 애플리케이션 계층의 인터페이스를 해석할 여지 없이 명확하게 만들어준다. 각 유스케이스는 전용 필드와 유효성 검증 로직을 가진 전용 커맨드를 가진다. 어떤 필드를 채울지, 어떤 필드를 비워두는 게 더 나은지 추측할 필요가 전혀 없는데, 값을 비워둘 수 있는 필드를 허용할 경우에는 현재의 유스케이스에서는 필요없는 유효성 검증이 수행될 수도 있기 때문이다.

그리고 나서 애플리케이션 계층은 커맨드 객체를 유스케이스에 따라 도메인 모델을 변경하기 위해 필요한 무엇인가로 매핑할 책임을 가진다.

당연하겠지만 한 계층을 다른 여러 개의 커맨드로 매핑하는 데는 하나의 웹 모델과 도메인 모델 간의 매핑보다 더 많은 코드가 필요하다. 하지만 이렇게 매핑하면 여러 유스케이스의 요구사항을 함께 다뤄야 하는 매핑에 비해 구현하고 유지보수하기가 훨씬 쉽다.

이 매핑 전략을 전역 패턴으로 추천하지는 않는다. 이 전략은 웹 계층(혹은 인커밍 어댑터 종류 중 아무거나)과 애플리케이션 계층 사이에서 상태 변경 유스케이스의 경계를 명확하게 할 때 가장 빛을 발한다. 애플리케이션 계층과 영속성 계층 사이에서는 매핑 오버헤드 때문에 사용하지 않는 것이 좋다.

또한 어떤 경우에는 연산의 입력 모델에 대해서만 이 매핑을 사용하고, 도메인 객체를 그대로 출력 모델로 사용하는 것도 좋다. SendMoneyUseCase가 업데이트된 잔고를 가진 채로 Account 객체를 그대로 반환하는 것처럼 말이다.

이처럼 매핑 전략은 여러 가지를 섞어쓸 수 있고, 섞어 써야만 한다. 어떤 매핑 전략도 모든 계층에 걸쳐 전역 규칙일 필요가 없다.

'단방향' 매핑 전략

또 다른 장단점을 지닌 매핑 전략이 하나 더 있다. 그림 8.4에 묘사된 '단방향(One-Way)' 전략이다.

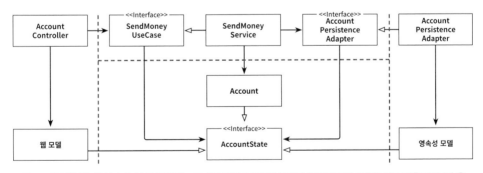

그림 8.4 동일한 '상태' 인터페이스를 구현하는 도메인 모델과 어댑터 모델을 이용하면 각 계층은 다른 계층으로부터 온 객체를 단방향으로 매핑하기만 하면 된다.

이 전략에서는 모든 계층의 모델들이 같은 인터페이스를 구현한다. 이 인터페이스는 관련 있는 특성(attribute)에 대한 getter 메서드를 제공해서 도메인 모델의 상태를 캡슐화한다.

도메인 모델 자체는 풍부한 행동을 구현할 수 있고, 애플리케이션 계층 내의 서비스에서 이러한 행동에 접근할 수 있다. 도메인 객체를 바깥 계층으로 전달하고 싶으면 매핑 없이 할 수 있다. 왜냐하면 도메인 객체가 인커밍/아웃고잉 포트가 기대하는 대로 상태 인터페이스를 구현하고 있기 때문이다.

그리고 나면 바깥 계층에서는 상태 인터페이스를 이용할지, 전용 모델로 매핑해야 할지 결정할 수 있다. 행동을 변경하는 것이 상태 인터페이스에 의해 노출돼 있지 않기 때문에 실수로 도메인 객체의 상태를 변경하는 일은 발생하지 않는다.

바깥 계층에서 애플리케이션 계층으로 전달하는 객체들도 이 상태 인터페이스를 구현하고 있다. 애플리케이션 계층에서는 이 객체를 실제 도메인 모델로 매핑해서 도메인 모델의 행동에 접근할 수 있게 된다. 이 매핑은 팩터리(factory)라는 DDD 개념과 잘 어울린다. DDD 용어인 팩터리는 어떤 특정한 상태로부터 도메인 객체를 재구성할 책임을 가지고 있다.[31] 바로 이 단락에서 설명한 것 말이다.

이 전략에서 매핑 책임은 명확하다. 만약 한 계층이 다른 계층으로부터 객체를 받으면 해당 계층에서 이용할 수 있도록 다른 무언가로 매핑하는 것이다. 그러므로 각 계층은 한 방향으로만 매핑한다. 그래서 이 전략의 이름이 '단방향' 매핑 전략인 것이다.

하지만 매핑이 계층을 넘나들며 퍼져 있기 때문에 이 전략은 다른 전략에 비해 개념적으로 어렵다.

이 전략은 계층 간의 모델이 비슷할 때 가장 효과적이다. 예를 들어, 읽기 전용 연산의 경우 상태 인터페이스가 필요한 모든 정보를 제공하기 때문에 웹 계층에서 전용 모델로 매핑할 필요가 전혀 없다.

---

31 《도메인 주도 설계》(위키북스, 2011), 164쪽

언제 어떤 매핑 전략을 사용할 것인가?

백만 달러짜리 질문 같지 않나?

이 질문의 답은, 평범하고 불만족스럽게도 '그때그때 다르다'이다.

각 매핑 전략이 저마다 장단점을 갖고 있기 때문에 한 전략을 전체 코드에 대한 어떤 경우에도 변하지 않는 전역 규칙으로 정의하려는 충동을 이겨내야 한다. 같은 코드에 여러 패턴을 섞으면 어수선하게 느껴져서 우리의 본능을 거스르는 일이기는 하지만 특정 작업에 최선의 패턴이 아님에도 그저 깔끔하게 느껴진다는 이유로 선택해버리는 것은 참으로 무책임한 처사다.

또한 소프트웨어는 시간이 지나며 변화를 거듭하기 때문에, 어제는 최선이었던 전략이 오늘은 최선이 아닐 수 있다. 고정된 매핑 전략으로 계속 유지하기보다는 빠르게 코드를 짤 수 있는 간단한 전략으로 시작해서 계층 간 결합을 떼어내는 데 도움이 되는 복잡한 전략으로 갈아타는 것도 괜찮은 방법이다.

언제 어떤 전략을 사용할지 결정하려면 팀 내에서 합의할 수 있는 가이드라인을 정해둬야 한다. 이 가이드라인은 어떤 상황에서 어떤 매핑 전략을 가장 먼저 택해야 하는가에 답할 수 있어야 한다. 또한 왜 해당 전략을 최우선으로 택해야 하는지도 설명할 수 있어야 한다. 그래야 그러한 근거들이 시간이 흐른 후에도 여전히 유효한지 평가할 수 있기 때문이다.

예를 들어, 변경 유스케이스와 쿼리 유스케이스에 서로 다른 매핑 가이드라인을 정해뒀다고 해보자. 또, 웹 계층과 애플리케이션 계층 사이에서 사용할 매핑 전략과 애플리케이션 계층과 영속성 계층 사이에서 사용할 매핑 전략을 다르게 세웠다고 가정해보자.

가이드라인은 아마 다음과 같을 것이다.

변경 유스케이스를 작업하고 있다면 **웹 계층과 애플리케이션 계층** 사이에서는 유스케이스 간의 결합을 제거하기 위해 '완전 매핑' 전략을 첫 번째 선택지로 택해야 한다. 이렇게 하면 유스케이스별 유효성 검증 규칙이 명확해지고 특정 유스케이스에서 필요하지 않은 필드를 다루지 않아도 된다.

변경 유스케이스를 작업하고 있다면 애플리케이션과 영속성 계층 사이에서는 매핑 오버헤드를 줄이고 빠르게 코드를 짜기 위해서 '매핑하지 않기' 전략을 첫 번째 선택지로 둔다. 하지만 애플리케이션 계층에서 영속성 문제를 다뤄야 하게 되면 '양방향' 매핑 전략으로 바꿔서 영속성 문제를 영속성 계층에 가둘 수 있게 한다.

쿼리 작업을 한다면 매핑 오버헤드를 줄이고 빠르게 코드를 짜기 위해 '매핑하지 않기' 전략이 웹 계층과 애플리케이션 계층 사이, 애플리케이션 계층과 영속성 계층 사이에서 첫 번째 선택지가 돼야 한다. 하지만 애플리케이션 계층에서 영속성 문제나 웹 문제를 다뤄야 하게 되면 웹 계층과 애플리케이션 계층, 애플리케이션 계층과 영속성 계층 사이에서 각각 '양방향' 매핑 전략으로 바꿔야 한다.

이 같은 가이드라인을 성공적으로 적용하려면 개발자들의 머릿속에 이 가이드라인이 잘 담겨 있어야 한다. 그러므로 가이드라인은 팀 차원에서 지속적으로 논의하고 수정해야 한다.

유지보수 가능한 소프트웨어를 만드는 데 어떻게 도움이 될까?

계층 사이에서 문지기처럼 동작하는 인커밍 포트와 아웃고잉 포트는 서로 다른 계층이 어떻게 통신해야 하는지를 정의한다. 여기에는 계층 사이에 매핑을 수행할지 여부와 어떤 매핑 전략을 선택할지가 포함된다.

각 유스케이스에 대해 좁은 포트를 사용하면 유스케이스마다 다른 매핑 전략을 사용할 수 있고, 다른 유스케이스에 영향을 미치지 않으면서 코드를 개선할 수 있기 때문에 특정 상황, 특정 시점에 최선의 전략을 선택할 수 있다.

상황별로 매핑 전략을 선택하는 것은 모든 상황에 같은 매핑 전략을 사용하는 것보다 분명 더 어렵고 더 많은 커뮤니케이션을 필요로 하겠지만 매핑 가이드라인이 있는 한, 코드가 정확히 해야 하는 일만 수행하면서도 더 유지보수하기 쉬운 코드로 팀에 보상이 되어 돌아올 것이다.

09

애플리케이션 조립하기

유스케이스, 웹 어댑터, 영속성 어댑터를 구현해봤으니, 이제 이것들을 동작하는 애플리케이션으로 조립할 차례다. 3장에서 이야기했듯이 애플리케이션이 시작될 때 클래스를 인스턴스화하고 묶기 위해서 의존성 주입 메커니즘을 이용한다. 이번 장에서는 평범한 자바로 이를 어떻게 하는지, 그리고 스프링, 스프링 부트 프레임워크에서는 이를 각각 어떻게 하는지 살펴보겠다.

왜 조립까지 신경 써야 할까?

왜 유스케이스와 어댑터를 그냥 필요할 때 인스턴스화하면 안 되는 걸까? 그것은 코드 의존성이 올바른 방향을 가리키게 하기 위해서다. 모든 의존성은 안쪽으로, 애플리케이션의 도메인 코드 방향으로 향해야 도메인 코드가 바깥 계층의 변경으로부터 안전하다는 점을 기억하자.

유스케이스가 영속성 어댑터를 호출해야 하고 스스로 인스턴스화한다면 코드 의존성이 잘못된 방향으로 만들어진 것이다. 이것이 바로 아웃고잉 포트 인터페이스를 생성한 이유다. 유스케이스는 인터페이스만 알아야 하고, 런타임에 이 인터페이스의 구현을 제공받아야 한다.

이 프로그래밍 스타일의 유익한 부수효과 중 하나는 코드를 훨씬 더 테스트하기 쉽다는 것이다. 한 클래스가 필요로 하는 모든 객체를 생성자로 전달할 수 있다면 실제 객체 대신 목으로 전달할 수 있고, 이렇게 되면 격리된 단위 테스트를 생성하기가 쉬워진다.

그럼 우리의 객체 인스턴스를 생성할 책임은 누구에게 있을까? 그리고 어떻게 의존성 규칙을 어기지 않으면서 그렇게 할 수 있을까?

해답은 그림 9.1처럼 아키텍처에 대해 중립적이고 인스턴스 생성을 위해 **모든** 클래스에 대한 의존성을 가지는 설정 컴포넌트(configuration component)가 있어야 한다는 것이다.

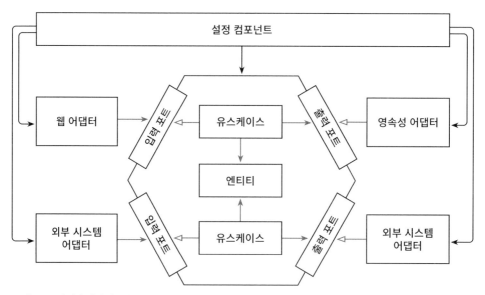

그림 9.1 중립적인 설정 컴포넌트는 인스턴스 생성을 위해 모든 클래스에 접근할 수 있다.

2장에서 소개한 클린 아키텍처에서 이 설정 컴포넌트는 의존성 규칙에 정의된 대로 모든 내부 계층에 접근할 수 있는 원의 가장 바깥쪽에 위치한다 .

설정 컴포넌트는 우리가 제공한 조각들로 애플리케이션을 조립하는 것을 책임진다. 이 컴포넌트는 다음과 같은 역할을 수행해야 한다.

- 웹 어댑터 인스턴스 생성
- HTTP 요청이 실제로 웹 어댑터로 전달되도록 보장
- 유스케이스 인스턴스 생성
- 웹 어댑터에 유스케이스 인스턴스 제공
- 영속성 어댑터 인스턴스 생성
- 유스케이스에 영속성 어댑터 인스턴스 제공
- 영속성 어댑터가 실제로 데이터베이스에 접근할 수 있도록 보장

더불어 설정 컴포넌트는 설정 파일이나 커맨드라인 파라미터 등과 같은 설정 파라미터의 소스에도 접근할 수 있어야 한다. 애플리케이션이 조립되는 동안 설정 컴포넌트는 이러한 파라미터를 애플리케이션 컴포넌트에 제공해서 어떤 데이터베이스에 접근하고 어떤 서버를 메일 전송에 사용할지 등의 행동 양식을 제어한다.

보다시피 책임('변경할 이유'라고 읽기 바란다)이 굉장히 많다. 이것은 단일 책임 원칙을 위반하는 게 아닐까? 위반하는 게 맞다. 그러나 애플리케이션의 나머지 부분을 깔끔하게 유지하고 싶다면 이처럼 구성요소들을 연결하는 바깥쪽 컴포넌트가 필요하다. 그리고 이 컴포넌트는, 작동하는 애플리케이션으로 조립하기 위해 애플리케이션을 구성하는 모든 움직이는 부품을 알아야 한다.

평범한 코드로 조립하기

애플리케이션을 조립할 책임이 있는 설정 컴포넌트를 구현하는 방법은 여러 가지다. 의존성 주입 프레임워크의 도움 없이 애플리케이션을 만들고 있다면 평범한 코드로 이러한 컴포넌트를 만들 수 있다.

```
package copyeditor.configuration;

class Application {
  public static void main(String[] args) {

    AccountRepository accountRepository = new AccountRepository();
    ActivityRepository activityRepository = new ActivityRepository();

    AccountPersistenceAdapter accountPersistenceAdapter =
        new AccountPersistenceAdapter(accountRepository, activityRepository);

    SendMoneyUseCase sendMoneyUseCase =
        new SendMoneyUseService(
            accountPersistenceAdapter, // LoadAccountPort
            accountPersistenceAdapter); // UpdateAccountStatePort

    SendMoneyController sendMoneyController =
        new SendMoneyController(sendMoneyUseCase);

    startProcessingWebRequests(sendMoneyController);

  }
}
```

이 코드는 설정 컴포넌트의 모습을 간략하게 보여주는 예다. 자바에서는 애플리케이션이 main 메서드로부터 시작된다. main 메서드 안에서 웹 컨트롤러부터 영속성 어댑터까지, 필요한 모든 클래스의 인스턴스로를 생성한 후 함께 연결한다.

마지막으로 웹 컨트롤러를 HTTP로 노출하는 신비한 메서드인 `startProcessing WebRequests()`를 호출한다. 이 메서드는 웹 어댑터를 HTTP로 노출시키는 데 필요한 애플리케이션 부트스트래핑 로직이 들어갈 곳이다(이 코드를 직접 구현하고 싶지는 않다). 이제 애플리케이션은 요청을 처리할 준비가 끝난다.

이 평범한 코드 방식은 애플리케이션을 조립하는 가장 기본적인 방법이다. 하지만 몇 가지 단점이 있다.

첫 번째로, 앞의 코드는 웹 컨트롤러, 유스케이스, 영속성 어댑터가 단 하나씩만 있는 애플리케이션을 예로 든 것이다. 완전한 엔터프라이즈 애플리케이션을 실행하기 위해서는 이러한 코드를 얼마나 많이 만들어야 할지 상상해보라.

두 번째로, 각 클래스가 속한 패키지 외부에서 인스턴스를 생성하기 때문에 이 클래스들은 전부 public이어야 한다. 이렇게 되면 가령 유스케이스가 영속성 어댑터에 직접 접근하는 것을 막지 못한다. package-private 접근 제한자를 이용해서 이러한 원치 않은 의존성을 피할 수 있었다면 더 좋았을 것이다.

다행히도 package-private 의존성을 유지하면서 이처럼 지저분한 작업을 대신해줄 수 있는 의존성 주입 프레임워크들이 있다. 자바 세계에서는 그중 스프링 프레임워크가 가장 인기 있다. 무엇보다도 스프링은 웹과 데이터베이스 환경을 지원하기 때문에 신비한 `startProcessingWebRequests()` 메서드 같은 것을 구현할 필요가 없다.

스프링의 클래스패스 스캐닝으로 조립하기

스프링 프레임워크를 이용해서 애플리케이션을 조립한 결과물을 애플리케이션 컨텍스트(application context)라고 한다. 애플리케이션 컨텍스트는 애플리케이션을 구성하는 모든 객체(자바 용어로는 '빈(bean)')를 포함한다.

스프링은 애플리케이션 컨텍스트를 조립하기 위한 몇 가지 방법을 제공하는데, 각기 장단점이 있다. 일단 가장 인기 있는(그리고 편리한) 방법인 클래스패스 스캐닝(classpath scanning)을 살펴보자.

스프링은 클래스패스 스캐닝으로 클래스패스에서 접근 가능한 모든 클래스를 확인해서 @Component 애너테이션이 붙은 클래스를 찾는다. 그러고 나서 이 애너테이션이 붙은 각 클래스의 객체를 생성한다. 이때 클래스는 6장의 AccountPersistenceAdapter처럼 필요한 모든 필드를 인자로 받는 생성자를 가지고 있어야 한다.

```java
@RequiredArgsConstructor
@Component
class AccountPersistenceAdapter implements
    LoadAccountPort,
    UpdateAccountStatePort {

  private final AccountRepository accountRepository;
  private final ActivityRepository activityRepository;
  private final AccountMapper accountMapper;

  @Override
  public Account loadAccount(
        AccountId accountId,
        LocalDateTime baselineDate) {
    // ...
  }

  @Override
  public void updateActivities(Account account) {
    // ...
  }

}
```

이 코드에서는 생성자를 직접 만들지 않고 Lombok[32] 라이브러리의 @RequiredArgs
Constructor 애너테이션을 이용해 모든 final 필드를 인자로 받는 생성자를 자동으로 생
성했다.

그럼 스프링은 이 생성자를 찾아서 생성자의 인자로 사용된 @Component가 붙은 클래스들
을 찾고, 이 클래스들의 인스턴스를 만들어 애플리케이션 컨텍스트에 추가한다. 필요한
객체들이 모두 생성되면 AccountPersistenceAdapter의 생성자를 호출하고 생성된 객체
도 마찬가지로 애플리케이션 컨텍스트에 추가한다.

클래스패스 스캐닝 방식을 이용하면 아주 편리하게 애플리케이션을 조립할 수 있다. 적
절한 곳에 @Component 애너테이션을 붙이고 생성자만 잘 만들어두면 된다.

스프링이 인식할 수 있는 애너테이션을 직접 만들 수도 있다. 예를 들어, 다음 예제와 같
은 @PersistenceAdapter라는 애너테이션을 만들 수 있다.

```
@Target({ElementType.TYPE})
@Retention(RetentionPolicy.RUNTIME)
@Documented
@Component
public @interface PersistenceAdapter {

  @AliasFor(annotation = Component.class)
  String value() default "";

}
```

이 애너테이션은 메타-애너테이션으로 @Component를 포함하고 있어서 스프링이 클
래스패스 스캐닝을 할 때 인스턴스를 생성할 수 있도록 한다. 이제 @Component 대신
@PersistenceAdapter를 이용해 영속성 어댑터 클래스들이 애플리케이션의 일부임을 표

---

32 https://projectlombok.org/

시할 수 있다. 이 애너테이션 덕분에 코드를 읽는 사람들은 아키텍처를 더 쉽게 파악할 수 있다.

하지만 클래스패스 스캐닝 방식에는 단점이 있다. 첫 번째로, 클래스에 프레임워크에 특화된 애너테이션을 붙여야 한다는 점에서 침투적이다. 강경한 클린 아키텍처파는 이런 방식이 코드를 특정한 프레임워크와 결합시키기 때문에 사용하지 말아야 한다고 주장할 것이다.

일반적인 애플리케이션 개발에서는 필요하다면 한 클래스에 애너테이션 하나 정도는 용인할 수 있고, 리팩터링도 그리 어렵지 않게 할 수 있다.

하지만 다른 개발자들이 사용할 라이브러리나 프레임워크를 만드는 입장에서는 사용하지 말아야 할 방법이다. 라이브러리 사용자가 스프링 프레임워크의 의존성에 엮이게 되기 때문이다.

또 다른 단점은 마법 같은 일이 일어날 수 있다는 점이다. '마법 같은'이라 함은 흑마법 같은 것인데, 스프링 전문가가 아니라면 원인을 찾는 데 수일이 걸릴 수 있는 숨겨진 부수 효과를 야기할 수도 있다는 뜻이다.

마법 같은 일이 발생하는 이유는 클래스패스 스캐닝이 애플리케이션 조립에 사용하기에는 너무 둔한 도구이기 때문이다. 이 방법에서는 단순히 스프링에게 부모 패키지를 알려준 후 이 패키지 안에서 @Component가 붙은 클래스를 찾으라고 지시한다.

여러분은 애플리케이션에 존재하는 모든 클래스 하나하나에 대해 자세하게 아는가? 아마 그렇지 않을 것이다. 애플리케이션 컨텍스트에 실제로는 올라가지 않았으면 하는 클래스가 있을 수 있다. 아마도 이 클래스는 애플리케이션 컨텍스트를 악의적으로 조작해서 추적하기 어려운 에러를 일으킬 수도 있을 것이다.

이번에는 조금 더 제어하기 쉬운 대안을 살펴보자.

스프링의 자바 컨피그로 조립하기

클래스패스 스캐닝이 애플리케이션 조립하기의 곤봉이라면 스프링의 자바 컨피그(Java Config)는 수술용 메스다. 이번 장의 앞부분에서 소개한 평범한 코드를 이용하는 방식과 비슷한데, 덜 지저분하고 프레임워크와 함께 제공되므로 모든 것을 직접 코딩할 필요가 없는 방식이다.

이 방식에서는 애플리케이션 컨텍스트에 추가할 빈을 생성하는 설정 클래스를 만든다.

예를 들어, 모든 영속성 어댑터들의 인스턴스 생성을 담당하는 설정 클래스를 하나 만들어보자.

```
@Configuration
@EnableJpaRepositories
class PersistenceAdapterConfiguration {

  @Bean
  AccountPersistenceAdapter accountPersistenceAdapter(
        AccountRepository accountRepository,
        ActivityRepository activityRepository,
        AccountMapper accountMapper){

    return new AccountPersistenceAdapter(
      accountRepository,
      activityRepository,
      accountMapper);
  }

  @Bean
  AccountMapper accountMapper(){
    return new AccountMapper();
  }

}
```

@Configuration 애너테이션을 통해 이 클래스가 스프링의 클래스패스 스캐닝에서 발견해야 할 설정 클래스임을 표시해둔다. 그러므로 사실 여전히 클래스패스 스캐닝을 사용하고 있는 것이기는 하다. 하지만 모든 빈을 가져오는 대신 설정 클래스만 선택하기 때문에 해로운 마법이 일어날 확률이 줄어든다.

빈 자체는 설정 클래스 내의 @Bean 애너테이션이 붙은 팩터리 메서드를 통해 생성된다. 앞의 예제에서는 영속성 어댑터를 애플리케이션 컨텍스트에 추가했다. 영속성 어댑터는 2개의 리포지토리와 한 개의 매퍼를 생성자 입력으로 받는다. 스프링은 이 객체들을 자동으로 팩터리 메서드에 대한 입력으로 제공한다.

그럼 스프링은 이 리포지토리 객체들을 어디서 가져올까? 이 객체들이 만약 또 다른 설정 클래스의 팩터리 메서드에서 수동으로 생성됐다면, 스프링이 자동으로 팩터리 메서드의 파라미터로 제공할 것이다. 하지만 이 예제에서는 @EnabledJpaRepositories 애너테이션으로 인해 스프링이 직접 생성해서 제공한다. 스프링 부트가 이 애너테이션을 발견하면 자동으로 우리가 정의한 모든 스프링 데이터 리포지토리 인터페이스의 구현체를 제공할 것이다.

스프링 부트에 익숙하다면 @EnableJpaRepositories를 설정 클래스뿐만 아니라 메인 애플리케이션에도 붙일 수 있다는 점을 알 것이다. 물론 이렇게 하는 것도 가능하지만 그럼 애플리케이션을 시작할 때마다 JPA를 활성화해서 영속성이 실질적으로 필요 없는 테스트에서 애플리케이션을 실행할 때도 JPA 리포지토리들을 활성화할 것이다. 그러므로 이러한 '기능 애너테이션'을 별도의 설정 '모듈'로 옮기는 편이 애플리케이션을 더 유연하게 만들고, 항상 모든 것을 한꺼번에 시작할 필요 없게 해준다.

PersistenceAdapterconfiguration 클래스를 이용해서 영속성 계층에서 필요로 하는 모든 객체를 인스턴스화하는 매우 한정적인 범위의 영속성 모듈을 만들었다. 이 클래스는 스프링의 클래스패스 스캐닝을 통해 자동으로 선택될 것이고, 우리는 여전히 어떤 빈이 애플리케이션 컨텍스트에 등록될지 제어할 수 있게 된다.

비슷한 방법으로 웹 어댑터, 혹은 애플리케이션 계층의 특정 모듈을 위한 설정 클래스를 만들 수도 있다. 그러면 특정 모듈만 포함하고, 그 외의 다른 모듈의 빈은 모킹해서 애플리케이션 컨텍스트를 만들 수 있다. 이렇게 하면 테스트에 큰 유연성이 생긴다. 심지어 리팩터링을 많이 하지 않고도 각 모듈의 코드를 자체 코드베이스, 자체 패키지, 자체 JAR 파일로 밀어넣을 수 있다.

또한 이 방식에서는 클래스패스 스캐닝 방식과 달리 @Component 애너테이션을 코드 여기 저기에 붙이도록 강제하지 않는다. 그래서 애플리케이션 계층을 스프링 프레임워크(혹은 그 외의 어떤 프레임워크)에 대한 의존성 없이 깔끔하게 유지할 수 있다.

하지만 이 방법에도 문제점은 있다. 설정 클래스가 생성하는 빈(이 경우에는 영속성 어댑터 클래스들)이 설정 클래스와 같은 패키지에 존재하지 않는다면 이 빈들을 public으로 만들어야 한다. 가시성을 제한하기 위해 패키지를 모듈 경계로 사용하고 각 패키지 안에 전용 설정 클래스를 만들 수는 있다. 하지만 이렇게 하면 10장에서 이야기할 테지만 하위 패키지를 사용할 수 없다.

유지보수 가능한 소프트웨어를 만드는 데 어떻게 도움이 될까?

스프링과 스프링 부트(그리고 비슷한 프레임워크들)는 개발을 편하게 만들어주는 다양한 기능들을 제공한다. 그중 하나가 바로 애플리케이션 개발자로서 우리가 제공하는 부품(클래스)들을 이용해서 애플리케이션을 조립하는 것이다.

클래스패스 스캐닝은 아주 편리한 기능이다. 스프링에게 패키지만 알려주면 거기서 찾은 클래스로 애플리케이션을 조립한다. 이를 통해 애플리케이션 전체를 고민하지 않고도 빠르게 개발할 수 있게 된다.

하지만 코드의 규모가 커지면 금방 투명성이 낮아진다. 어떤 빈이 애플리케이션 컨텍스트에 올라오는지 정확히 알 수 없게 된다. 또, 테스트에서 애플리케이션 컨텍스트의 일부만 독립적으로 띄우기가 어려워진다.

반면, 애플리케이션 조립을 책임지는 전용 설정 컴포넌트를 만들면 애플리케이션이 이러한 책임('변경할 이유'라고 읽기 바란다. SOLID의 'S'를 기억하는가?)으로부터 자유로워진다. 이 방식을 이용하면 서로 다른 모듈로부터 독립되어 코드 상에서 손쉽게 옮겨 다닐 수 있는 응집도가 매우 높은 모듈을 만들 수 있다. 하지만 늘 그렇듯이 설정 컴포넌트를 유지보수하는 데 약간의 시간을 추가로 들여야 한다.

10

아키텍처 경계 강제하기

지금까지 아키텍처에 대해서 많은 이야기를 나눴다. 코드를 어떻게 작성하고 어디에 위치시킬지 결정하는 데 있어 우리를 안내해 줄 목표 아키텍처를 가지게 돼서 기쁘다.

하지만 일정 규모 이상의 모든 프로젝트에서는 시간이 지나면서 아키텍처가 서서히 무너지게 된다. 계층 간의 경계가 약화되고, 코드는 점점 더 테스트하기 어려워지고, 새로운 기능을 구현하는 데 점점 더 많은 시간이 든다.

이번 장에서는 아키텍처 내의 경계를 강제하는 방법과 함께 아키텍처 붕괴에 맞서 싸우기 위해 취할 수 있는 몇 가지 조치를 살펴보겠다.

경계와 의존성

아키텍처 경계를 강제하는 여러 가지 방법에 대해 이야기하기에 앞서 아키텍처의 어디에 경계가 있고, '경계를 강제한다'는 것이 어떤 의미인지 먼저 살펴보자.

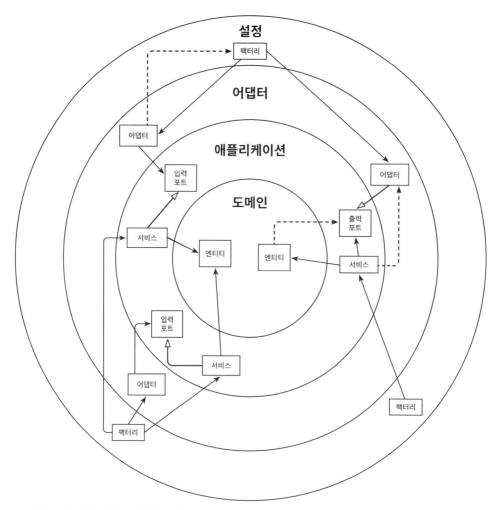

그림 10.1 아키텍처 경계를 강제한다는 것은 의존성이 올바른 방향을 향하도록 강제하는 것을 의미한다. 아키텍처에서 허용되지 않은 의존성을 점선 화살표로 표시했다.

그림 10.1은 육각형 아키텍처의 요소들이, 2장에서 소개한 포괄적인 클린 아키텍처 방식과 유사한 4개의 계층에 어떻게 흩어져 있는지 보여준다.

가장 안쪽의 계층에는 도메인 엔티티가 있다. 애플리케이션 계층은 애플리케이션 서비스 안에 유스케이스를 구현하기 위해 도메인 엔티티에 접근한다. 어댑터는 인커밍 포트를 통해 서비스에 접근하고, 반대로 서비스는 아웃고잉 포트를 통해 어댑터에 접근한다. 마지막으로 설정 계층은 어댑터와 서비스 객체를 생성할 팩터리를 포함하고 있고, 의존성 주입 메커니즘을 제공한다.

그림 10.1에서 아키텍처의 경계는 꽤 명확하다. 각 계층 사이, 안쪽 인접 계층과 바깥쪽 인접 계층 사이에 경계가 있다. 의존성 규칙에 따르면 계층 경계를 넘는 의존성은 항상 안쪽 방향으로 향해야 한다.

이번 장에서는 이러한 의존성 규칙을 강제하는 방법들을 알아보고, (점선 화살표처럼) 잘못된 방향을 가리키는 의존성을 없게 만들고자 한다.

접근 제한자

경계를 강제하기 위해 자바에서 제공하는 가장 기본적인 도구인 접근 제한자(visibility modifier)부터 시작해보자.

접근 제한자는 내가 지난 몇 년간 진행한 거의 대부분의 신입 개발자 면접에서 단골로 출제했던 주제다. 면접자들에게 자바에 어떤 접근 제한자가 있고, 차이점이 무엇인지 물어봤다.

대부분의 면접자는 public, protected, private 제한자만 알고 있었다. 거의 대부분이 package-private(혹은 'default') 제한자를 몰랐다. 이것이 나에게는 왜 접근 제한자가 이런 식으로 구성돼 있는지 질문을 해나가면서 면접자가 직접 답을 추론해나갈 수 있는지 확인해보는 좋은 기회가 됐다.

그럼 package-private 제한자는 왜 그렇게 중요할까? 자바 패키지를 통해 클래스들을 응집적인 '모듈'로 만들어 주기 때문이다. 이러한 모듈 내에 있는 클래스들은 서로 접근 가능하지만, 패키지 바깥에서는 접근할 수 없다. 그럼 모듈의 진입점으로 활용될 클래스들만 골라서 public으로 만들면 된다. 이렇게 하면 의존성이 잘못된 방향을 가리켜서 의존성 규칙을 위반할 위험이 줄어든다.

접근 제한자를 염두에 두고 3장에서 본 패키지 구조를 다시 한번 살펴보자.

```
1   buckpal
2   └─ account
3      ├─ adapter
4      │  ├─ in
5      │  │  └─ web
6      │  │     └─ o AccountController
7      │  ├─ out
8      │  │  └─ persistence
9      │  │     ├─ o AccountPersistenceAdapter
10     │  │     └─ o SpringDataAccountRepository
11     ├─ domain
12     │  ├─ + Account
13     │  └─ + Activity
14     └─ application
15        └─ o SendMoneyService
16        └─ port
17           ├─ in
18           │  └─ + SendMoneyUseCase
19           └─ out
20              ├─ + LoadAccountPort
21              └─ + UpdateAccountStatePort
```

그림 10.2 접근 제한자가 추가된 패키지 구조

persistence 패키지에 있는 클래스들은 외부에서 접근할 필요가 없기 때문에 package-private(위의 트리에서 'o'로 표시)으로 만들 수 있다. 영속성 어댑터는 자신이 구현하는 출력 포트를 통해 접근된다. 같은 이유로 SendMoneyService를 package-private으로 만들 수 있다. 의존성 주입 메커니즘은 일반적으로 리플렉션을 이용해 클래스를 인스턴스로 만들기 때문에 package-private이더라도 여전히 인스턴스를 만들 수 있다.

이 방법을 스프링에서 사용하려면 9장에서 설명한 클래스패스 스캐닝을 이용해야만 한다. 다른 방법에서는 객체의 인스턴스들을 우리가 직접 생성해야 하기 때문에 public 제한자를 이용해야 한다.

예제의 나머지 클래스들은 아키텍처의 정의에 의해 public('+'로 표시)이어야 한다. domain 패키지는 다른 계층에서 접근할 수 있어야 하고, application 계층은 web 어댑터와 persistence 어댑터에서 접근 가능해야 한다.

package-private 제한자는 몇 개 정도의 클래스로만 이뤄진 작은 모듈에서 가장 효과적이다. 그러나 패키지 내의 클래스가 특정 개수를 넘어가기 시작하면 하나의 패키지에 너무 많은 클래스를 포함하는 것이 혼란스러워지게 된다. 이렇게 되면 코드를 쉽게 찾을 수 있도록(그리고 미적인 욕구를 충족시키기 위해서도) 하위 패키지를 만드는 방법을 선호한다. 하지만 이렇게 하면 자바는 하위 패키지를 다른 패키지로 취급하기 때문에 하위 패키지의 package-private 멤버에 접근할 수 없게 된다. 그래서 하위 패키지의 멤버는 public으로 만들어서 바깥 세계에 노출시켜야 하기 때문에 우리의 아키텍처에서 의존성 규칙이 깨질 수 있는 환경이 만들어진다.

컴파일 후 체크

클래스에 public 제한자를 쓰면 아키텍처 상의 의존성 방향이 잘못되더라도 컴파일러는 다른 클래스들이 이 클래스를 사용하도록 허용한다. 이런 경우에는 컴파일러가 전혀 도움이 되지 않기 때문에 의존성 규칙을 위반했는지 확인할 다른 수단을 찾아야 한다.

한 가지 방법은 컴파일 후 체크(post-compile check)를 도입하는 것이다. 다시 말해, 코드가 컴파일된 후에 런타임에 체크한다는 뜻이다. 이러한 런타임 체크는 지속적인 통합 빌드 환경에서 자동화된 테스트 과정에서 가장 잘 동작한다.

이러한 체크를 도와주는 자바용 도구로 ArchUnit[33]이 있다. 다른 무엇보다 ArchUnit은 의존성 방향이 기대한 대로 잘 설정돼 있는지 체크할 수 있는 API를 제공한다. 의존성 규칙 위반을 발견하면 예외를 던진다. 이 도구는 JUnit과 같은 단위 테스트 프레임워크 기반에서 가장 잘 동작하며 의존성 규칙을 위반할 경우 테스트를 실패시킨다.

---

33 https://github.com/TNG/ArchUnit/

이전 절에서 정의한 패키지 구조대로 각 계층이 전용 패키지를 가지고 있다고 가정하면 ArchUnit으로 계층 간의 의존성을 체크할 수 있다. 예를 들어, 도메인 계층에서 바깥쪽의 애플리케이션 계층으로 향하는 의존성이 없다는 것을 체크할 수 있다.

```
class DependencyRuleTests {

  @Test
  void domainLayerDoesNotDependOnApplicationLayer() {
    noClasses()
        .that()
        .resideInAPackage("buckpal.domain..")
        .should()
        .dependOnClassesThat()
        .resideInAnyPackage("buckpal.application..")
        .check(new ClassFileImporter()
            .importPackages("buckpal.."));
  }

}
```

ArchUnit API를 이용하면 적은 작업만으로도 육각형 아키텍처 내에서 관련된 모든 패키지를 명시할 수 있는 일종의 도메인 특화 언어(DSL)를 만들 수 있고, 패키지 사이의 의존성 방향이 올바른지 자동으로 체크할 수 있다.

```
class DependencyRuleTests {

  @Test
  void validateRegistrationContextArchitecture() {
    HexagonalArchitecture.boundedContext("account")
        .withDomainLayer("domain")
        .withAdaptersLayer("adapter")
```

```
        .incoming("web")
        .outgoing("persistence")
        .and()
    .withApplicationLayer("application")
        .services("service")
        .incomingPorts("port.in")
        .outgoingPorts("port.out")
        .and()
    .withConfiguration("configuration")
    .check(new ClassFileImporter()
        .importPackages("buckpal.."));
  }

}
```

앞의 예제에서는 먼저 바운디드 컨텍스트의 부모 패키지를 지정한다(단일 바운디드 컨텍스트라면 애플리케이션 전체에 해당한다). 그런 다음 도메인, 어댑터, 애플리케이션, 설정 계층에 해당하는 하위 패키지들을 지정한다. 마지막에 호출하는 check()는 몇 가지 체크를 실행하고 패키지 의존성이 의존성 규칙을 따라 유효하게 설정됐는지 검증한다. 육각형 아키텍처 DSL에 대한 코드는 예제 프로젝트[34]의 HexagonalArchitecture 클래스에서 확인할 수 있다.

잘못된 의존성을 바로잡는 데 컴파일 후 체크가 큰 도움이 되긴 하지만, 실패에 안전 (fail-safe)하지는 않다. 패키지 이름인 buckpal에 오타를 내면 테스트가 어떤 클래스도 찾지 못하기 때문에 의존성 규칙 위반 사례를 발견하지 못할 것이다. 오타가 하나라도 나거나 패키지명을 하나만 리팩터링해도 테스트 전체가 무의미해질 수 있다. 이런 상황을 방지하려면 클래스를 하나도 찾지 못했을 때 실패하는 테스트를 추가해야 한다. 그럼에도 불구하고 여전히 리팩터링에 취약한 것은 사실이다. 컴파일 후 체크는 언제나 코드와 함께 유지보수해야 한다.

---

34 https://github.com/wikibook/clean-architecture

빌드 아티팩트

지금까지 코드 상에서 아키텍처 경계를 구분하는 유일한 도구는 패키지였다. 모든 코드가 같은 모놀리식 빌드 아티팩트(monolithic build artifact)의 일부였던 셈이다.

빌드 아티팩트는 (아마도 자동화된) 빌드 프로세스의 결과물이다. 자바 세계에서 요즘 가장 인기 있는 빌드 도구는 메이븐(Maven)과 그레이들(Gradle)이다. 그러므로 지금까지 단일 메이븐 혹은 그레이들 빌드 스크립트가 있고, 메이븐이나 그레이들을 호출해서 코드를 컴파일하고, 테스트하고, 하나의 JAR 파일로 패키징할 수 있었다고 상상하자.

빌드 도구의 주요한 기능 중 하나는 의존성 해결(dependency resolution)이다. 어떤 코드베이스를 빌드 아티팩트로 변환하기 위해 빌드 도구가 가장 먼저 할 일은 코드베이스가 의존하고 있는 모든 아티팩트가 사용 가능한지 확인하는 것이다. 만약 사용 불가능한 것이 있다면 아티팩트 리포지토리로부터 가져오려고 시도한다. 이마저도 실패한다면 코드를 컴파일도 하기 전에 에러와 함께 빌드가 실패한다.

이를 활용해서 모듈과 아키텍처의 계층 간의 의존성을 강제할 수 있다(따라서 경계를 강제하는 효과가 생긴다). 각 모듈 혹은 계층에 대해 전용 코드베이스와 빌드 아티팩트로 분리된 빌드 모듈(JAR 파일)을 만들 수 있다. 각 모듈의 빌드 스크립트에서는 아키텍처에서 허용하는 의존성만 지정한다. 클래스들이 클래스패스에 존재하지도 않아 컴파일 에러가 발생하기 때문에 개발자들은 더이상 실수로 잘못된 의존성을 만들 수 없다.

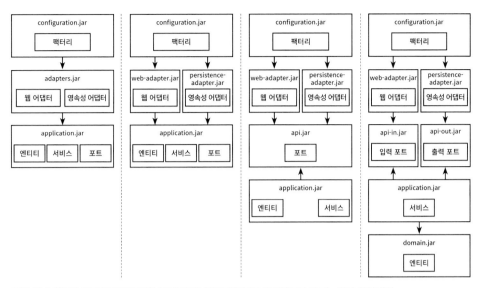

그림 10.3 잘못된 의존성을 막기 위해 아키텍처를 여러 개의 빌드 아티팩트로 만드는 여러 가지 방법

그림 10.3은 아키텍처를 여러 개의 분리된 빌드 아티팩트로 나누는 몇 가지 선택지를 보여준다.

맨 왼쪽에는 설정, 어댑터, 애플리케이션 계층의 빌드 아티팩트로 이뤄진 기본적인 3개의 모듈 빌드 방식이 있다. 설정 모듈은 어댑터 모듈에 접근할 수 있고, 어댑터 모듈은 애플리케이션 모듈에 접근할 수 있다. 설정 모듈은 암시적이고 전이적인 의존성 때문에 애플리케이션 모듈에도 접근할 수 있다.

어댑터 모듈은 영속성 어댑터뿐만 아니라 웹 어댑터도 포함하고 있다. 즉, 빌드 도구가 두 어댑터 간의 의존성을 막지 않을 것이라는 뜻이다. 두 어댑터 간의 의존성이 의존성 규칙에서 엄격하게 금지된 것은 아니지만(두 어댑터 모두 같은 바깥 계층에 있으므로) 대부분의 경우 어댑터를 서로 격리시켜 유지하는 것이 좋다.

어쨌든 영속성 계층의 변경이 웹 계층에 영향을 미치거나 웹 계층의 변경이 영속성 계층에 영향을 미치는 것을 바라지 않을 것이다(단일 책임 원칙을 기억하자).

애플리케이션을 다른 서드파티 API에 연결하는 다른 종류의 어댑터에서도 마찬가지다. 실수로 어댑터 간에 의존성이 추가되는 바람에 API와 관련된 세부사항이 다른 어댑터로 새어나가는 것을 바라지 않을 것이다.

그렇기 때문에 하나의 어댑터 모듈을 여러 개의 빌드 모듈로 쪼개서 어댑터당 하나의 모듈이 되게 할 수도 있다. 그림 10.3의 두 번째 열이 여기에 해당한다.

다음으로 애플리케이션 모듈도 쪼갤 수 있다. 두 번째 열에서는 애플리케이션 모듈이 애플리케이션에 대한 인커밍/아웃고잉 포트, 그리고 이러한 포트를 구현하거나 사용하는 서비스, 도메인 로직을 담은 도메인 엔티티를 모두 포함하고 있다.

도메인 엔티티가 포트에서 전송 객체(transfer object)로 사용되지 않는 경우라면(8장에서 이야기한 '매핑하지 않기' 전략을 허용하지 않는 경우) 의존성 역전 원칙을 적용해서 포트 인터페이스만 포함하는 API 모듈을 분리해서 빼낼 수 있다. 이는 그림 10.3의 세 번째 열에 해당한다.

어댑터 모듈과 애플리케이션 모듈은 API 모듈에 접근할 수 있지만, 그 반대는 불가능하다. API 모듈은 도메인 엔티티에 접근할 수도 없고 포트 인터페이스 안에서 도메인 엔티티를 사용할 수도 없다. 또한 어댑터는 더이상 엔티티와 서비스에 직접 접근할 수 없고 포트를 통해서 접근해야 한다.

한걸음 더 나아가 API 모듈을 인커밍 포트와 아웃고잉 포트 각각만 가지고 있는 두 개의 모듈로 쪼갤 수 있다(그림 10.3의 4번째 열). 이런 식으로 인커밍 포트나 아웃고잉 포트에 대해서만 의존성을 선언함으로써 특정 어댑터가 인커밍 어댑터인지 아웃고잉 어댑터인지를 매우 명확하게 정의할 수 있다.

또, 애플리케이션 모듈을 더 쪼갤 수도 있다. 서비스만 가지고 있는 모듈과 도메인 엔티티만 가지고 있는 모듈로 쪼개는 것이다. 이렇게 하면 엔티티가 서비스에 접근할 수 없어지고, 도메인 빌드 아티팩트에 대한 의존성을 간단하게 선언하는 것만으로도 (다른 유스케이스, 다른 서비스를 가진) 다른 애플리케이션이 같은 도메인 엔티티를 사용할 수 있게 된다.

그림 10.3은 애플리케이션을 빌드 모듈로 쪼개는 다양한 방법을 묘사하고 있다. 그림에는 4개만 표현했지만 실제로는 더 다양한 방법이 있다. 핵심은 모듈을 더 세분화할수록, 모듈 간 의존성을 더 잘 제어할 수 있게 된다는 것이다. 하지만 더 작게 분리할수록 모듈 간에 매핑을 더 많이 수행해야 한다. 이를 위해 8장에서 소개한 매핑 전략들 중 하나를 적용해야 한다.

이 밖에도 빌드 모듈로 아키텍처 경계를 구분하는 것은 패키지로 구분하는 방식과 비교했을 때 몇 가지 장점이 있다.

첫 번째로, 빌드 도구가 순환 의존성(circular dependency)을 극도로 싫어한다는 것이다. 순환 의존성은 하나의 모듈에서 일어나는 변경이 잠재적으로 순환 고리에 포함된 다른 모든 모듈을 변경하게 만들며, 단일 책임 원칙을 위배하기 때문에 좋지 않다. 빌드 도구는 이러한 순환 의존성을 허용하지 않는다. 의존성을 해결하는 과정에서 무한 루프에 빠지기 때문이다. 그러므로 빌드 도구를 이용하면 빌드 모듈 간 순환 의존성이 없음을 확신할 수 있다.

반면 자바 컴파일러는 두 개 혹은 그 이상의 패키지에서 순환 의존성이 있든지 말든지 신경 쓰지 않는다.

두 번째로, 빌드 모듈 방식에서는 다른 모듈을 고려하지 않고 특정 모듈의 코드를 격리한 채로 변경할 수 있다. 일시적으로 특정 어댑터에서 컴파일 에러가 생기는 애플리케이션 계층을 리팩터링하고 있다고 상상해보자. 만약 어댑터와 애플리케이션 계층이 같은 빌드 모듈에 있다면 어댑터가 컴파일되지 않더라도 애플리케이션 계층의 테스트를 실행할 수 있는 경우에도 대부분의 IDE는 테스트를 실행하려면 어댑터의 컴파일 에러를 모두 고쳐야 한다고 고집할 것이다. 만약 애플리케이션 계층이 독립된 빌드 모듈이라면 IDE가 어댑터에 신경 쓰지 않을 것이기 때문에 애플리케이션 계층의 테스트를 마음대로 실행할 수 있다. 메이븐이나 그레이들로 빌드 프로세스를 실행하는 것 역시 마찬가지다. 만약 두 계층이 같은 빌드 모듈에 있다면 어느 한쪽 계층의 컴파일 에러 때문에 빌드가 실패할 것이다.

그러므로 여러 개의 빌드 모듈은 각 모듈을 격리한 채로 변경할 수 있게 해준다. 심지어 각 모듈을 자체 코드 리포지토리에 넣어 서로 다른 팀이 서로 다른 모듈을 유지보수하게 할 수도 있다.

마지막으로, 모듈 간 의존성이 빌드 스크립트에 분명하게 선언돼 있기 때문에 새로 의존성을 추가하는 일은 우연이 아닌 의식적인 행동이 된다. 어떤 개발자가 당장은 접근할 수 없는 특정 클래스에 접근해야 할 일이 생기면 빌드 스크립트에 이 의존성을 추가하기에 앞서 정말로 이 의존성이 필요한 것인지 생각할 여지가 생긴다.

하지만 이런 장점에는 빌드 스크립트를 유지보수하는 비용을 수반하기 때문에 아키텍처를 여러 개의 빌드 모듈로 나누기 전에 아키텍처가 어느 정도는 안정된 상태여야 한다.

유지보수 가능한 소프트웨어를 만드는 데 어떻게 도움이 될까?

기본적으로 소프트웨어 아키텍처는 아키텍처 요소 간의 의존성을 관리하는 게 전부다. 만약 의존성이 거대한 진흙 덩어리(big ball of mud)[35]가 된다면 아키텍처 역시 거대한 진흙 덩어리가 된다.

그렇기 때문에 아키텍처를 잘 유지해나가고 싶다면 의존성이 올바른 방향을 가리키고 있는지 지속적으로 확인해야 한다.

새로운 코드를 추가하거나 리팩터링할 때 패키지 구조를 항상 염두에 둬야 하고, 가능하다면 package-private 가시성을 이용해 패키지 바깥에서 접근하면 안 되는 클래스에 대한 의존성을 피해야 한다.

하나의 빌드 모듈 안에서 아키텍처 경계를 강제해야 하고, 패키지 구조가 허용하지 않아 package-private 제한자를 사용할 수 없다면 ArchUnit 같은 컴파일 후 체크 도구를 이용해야 한다.

---

35 (옮긴이) 뚜렷한 아키텍처가 없는 소프트웨어 시스템(https://en.wikipedia.org/wiki/Big_ball_of_mud)

그리고 아키텍처가 충분히 안정적이라고 느껴지면 아키텍처 요소를 독립적인 빌드 모듈로 추출해야 한다. 그래야 의존성을 분명하게 제어할 수 있기 때문이다.

아키텍처 경계를 강제하고 시간이 지나도 유지보수하기 좋은 코드를 만들기 위해 세 가지 접근 방식 모두를 함께 조합해서 사용할 수 있다.

11

의식적으로 지름길 사용하기

이 책의 서문에서는 절대 갚을 길 없는 기술 부채를 쌓아가면서 항상 지름길의 유혹을 느낀다는 사실을 저주했다.

지름길을 방지하기 위해서는 먼저 지름길 자체를 파악해야 한다. 그래서 이번 장의 목표는 잠재적인 지름길에 대한 인식을 높이고 그 영향에 대해 이야기하는 것이다.

이 정보만 있어도 우발적으로 사용되는 지름길을 인식하고 수정할 수 있다. 또는 정당한 지름길이라면 지름길의 효과를 의식적으로 택할 수도 있다.

건설공학 또는 항공전자공학 책에서 앞의 문장을 읽었다고 상상해보라. 하지만 다행히도 우리는 고층빌딩이나 비행기 수준의 소프트웨어를 만들고 있는 것이 아니다. 그리고 소프트웨어는 소프트하고 하드웨어에 비해 쉽게 변경할 수 있기 때문에, 어떤 때는 (의식적으로) 지름길을 먼저 취하고 나중에 고치는 것이(혹은 아예 고치지 않더라도) 실제로 더 경제적일 수도 있다.

왜 지름길은 깨진 창문 같을까?

1969년에 심리학자 필립 짐바르도(Philip Zimbardo)는 나중에 '깨진 창문 이론'[36]이라고 알려진 실험을 했다.

번호판 없는 차 한 대를 브롱크스 인근에 주차해놓고 주거 환경이 '조금 더 낫다'고 알려진 팔로 알토 근처에도 한 대 주차해 뒀다. 그리고 기다렸다.

브롱크스에 주차해둔 차는 24시간도 채 지나지 않아 중요 부품들이 감쪽같이 도난당했고, 행인들이 아무렇게나 차를 망가뜨리기 시작했다.

팔로 알토의 차는 일주일 동안 전혀 손을 타지 않았기에 짐바르도가 일부러 창문을 깨뜨렸다. 그러자 그 차는 브롱크스에 있는 차와 비슷한 운명을 맞아서 비슷하게 짧은 시간 동안 행인들에 의해 망가졌다.

도둑질과 차량 훼손에 가담한 사람들은 모든 사회적 계급에 존재했고, 여기에는 이런 일이 아니었다면 준법정신이 투철하고 예의바르게 행동했을 법한 시민들도 포함돼 있었다.

인간의 이 같은 행동은 '깨진 창문 이론'으로 알려지게 됐다. 나만의 표현으로 바꿔보면 다음과 같다.

> 어떤 것이 멈춘 것처럼 보이고, 망가져 보이고, [부정적인 형용사를 넣어보자],
> 혹은 관리되지 않는다고 여겨지면 인간의 뇌는 이를 더 멈추고, 망가뜨리고,
> [부정적인 형용사를 넣어보자] 해도 된다고 생각하게 된다.

이 이론은 삶의 많은 부분에 적용할 수 있다.

- 기물 파손이 흔한 동네에서는 방치된 차를 도둑질하거나 망가뜨리는 일이 더 쉽게 일어난다.
- '좋은' 동네라도 차의 창문이 깨져있다면 차를 망가뜨리는 일이 쉽게 일어난다.

---

36 https://www.theatlantic.com/ideastour/archive/windows.html

- 침실이 정돈돼 있지 않으면 옷을 옷장에 넣는 대신 바닥에 아무렇게나 던져 놓기 쉽다.
- 괴롭힘이 흔한 집단에서는 괴롭힘이 더 쉽게 일어난다.

코드 작업에 적용될 때의 의미는 다음과 같다.

- 품질이 떨어진 코드에서 작업할 때 더 낮은 품질의 코드를 추가하기가 쉽다.
- 코딩 규칙을 많이 어긴 코드에서 작업할 때 또 다른 규칙을 어기기도 쉽다.
- 지름길을 많이 사용한 코드에서 작업할 때 또 다른 지름길을 추가하기도 쉽다.

이 모든 것을 고려하면 이른바 '레거시'라고 불리는 많은 코드의 품질이 시간이 가면서 심하게 낮아졌다는 게 그리 놀라운 일은 아니다.

깨끗한 상태로 시작할 책임

코드를 짜는 것은 차를 도둑질하는 것과는 다르지만, 우리는 모두 깨진 창문 심리에 무의식적으로 영향을 받는다. 그래서 가능한 한 지름길을 거의 쓰지 않고 기술 부채를 지지 않은 채로 프로젝트를 깨끗하게 시작하는 것이 중요하다. 지름길이 몰래 스며드는 순간 깨진 창문과 같아져 버려서 더 많은 지름길을 끌어들이기 때문이다.

소프트웨어 프로젝트는 대개 큰 비용이 들고 장기적인 노력을 필요로 하기 때문에 깨진 창문을 막는 것이 소프트웨어 개발자들의 아주 막대한 책임이다. 우리가 프로젝트를 마무리하지 못하고 다른 이들이 프로젝트를 인계받아야 할지도 모른다. 프로젝트를 인계받는 입장에서는 이 코드가 연관성이 전혀 없는 레거시이기 때문에 깨진 창문을 만들어 내기가 더 쉽다.

그러나 때로는 지름길을 취하는 것이 더 실용적일 때도 있다. 작업 중인 부분이 프로젝트 전체로 봤을 때 그리 중요하지 않은 부분이거나, 프로토타이핑 작업 중이거나, 경제적인 이유가 있을 수도 있다.

이러한 의도적인 지름길에 대해서는 세심하게 잘 기록해둬야 한다. 마이클 나이가드 (Michael Nygard)[37]가 제안한 아키텍처 결정 기록(Architecture Decision Records, ADRs)의 형태도 괜찮다. 우리는 미래의 우리 혹은 프로젝트를 인계받는 이들에게 빚을 지고 있는 것이다. 만약 팀원 모두가 이 문서에 대해 인지하고 있다면 지름길이 합리적인 이유에 의해 의도적으로 추가됐다는 사실을 알기 때문에 깨진 창문 이론의 영향을 더 줄일 수 있을 것이다.

이어지는 절에서는 육각형 아키텍처에서 고려해볼 수 있는 지름길들을 몇 가지 이야기해보려고 한다. 지름길의 효과를 살펴보고, 이 지름길에 대한 찬반 의견을 살펴보자.

유스케이스 간 모델 공유하기

4장에서는 유스케이스마다 다른 입출력 모델을 가져야 한다고 이야기한 바 있다. 즉, 입력 파라미터의 타입과 반환값의 타입이 달라야 한다는 뜻이다.

그림 11.1은 두 개의 유스케이스가 같은 입력 모델을 공유하는 예를 보여준다.

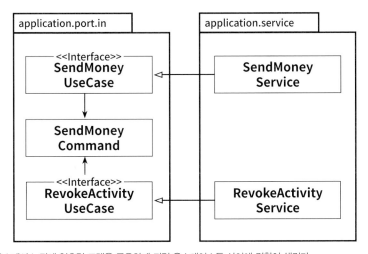

그림 11.1 유스케이스 간에 입출력 모델을 공유하게 되면 유스케이스들 사이에 결합이 생긴다.

---

37 https://www.cognitect.com/blog/2011/11/15/documenting-architecture-decisions

공유로 인한 영향은 SendMoneyUseCase와 RevokeActivityUseCase가 결합된다는 것이다. 공유하고 있는 SendMoneyCommand 클래스가 변경되면 두 유스케이스 모두 영향을 받는다. 단일 책임 원칙에서 이야기하는 '변경할 이유'를 공유하는 것이다. 출력 모델을 공유하는 경우에도 마찬가지다.

유스케이스 간 입출력 모델을 공유하는 것은 유스케이스들이 기능적으로 묶여 있을 때 유효하다. 즉, 특정 요구사항을 공유할 때 괜찮다는 의미다. 이 경우 특정 세부사항을 변경할 경우 실제로 두 유스케이스 모두에 영향을 주고 싶은 것이다.

두 유스케이스가 서로 간에 미치는 영향 없이 독립적으로 진화해야 한다면 입출력 모델을 공유하는 방식은 지름길이 된다. 만약 독립적으로 진화해야 한다면 처음에는 똑같은 입출력 클래스를 복사해야 하더라도 일단 분리해서 시작해야 한다.

그러므로 비슷한 개념의 유스케이스 여러 개를 만든다면 유스케이스를 독립적으로 진화할 필요가 있는지 주기적으로 질문해야 한다. 대답이 "예"가 되는 그때가 바로 입출력 모델을 분리할 시점이다.

도메인 엔티티를 입출력 모델로 사용하기

도메인 엔티티인 Account와 인커밍 포트인 SendMoneyUseCase가 있으면 엔티티를 인커밍 포트의 입출력 모델로 사용하고 싶다는 생각이 들지도 모른다. 그림 11.2를 보자.

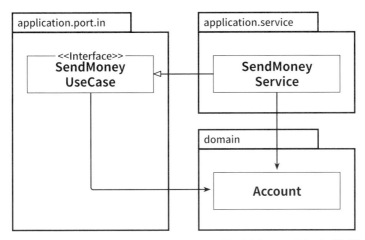

그림 11.2 도메인 엔티티를 유스케이스의 입출력 모델로 사용하면 도메인 엔티티가 유스케이스에 결합된다.

인커밍 포트는 도메인 엔티티에 의존성을 가지고 있다. 그 결과, Account 엔티티는 변경할 또 다른 이유가 생겼다.

잠깐, Account 엔티티는 인커밍 포트인 SendMoneyUseCase에 의존성이 없으니(의존성의 방향이 반대) 인커밍 포트가 어떻게 엔티티를 변경할 이유가 된다는 뜻일까?

현재 Account 엔티티에는 존재하지 않는 정보를 유스케이스가 필요로 한다고 생각해보자. 이 정보는 최종적으로 Account 엔티티에 저장돼 있어야 하는 것이 아니라 다른 도메인이나 다른 바운디드 컨텍스트에 저장돼야 한다. 그럼에도 불구하고 이미 유스케이스 인터페이스에서 사용할 수 있기 때문에 Account 엔티티에 새로운 필드를 추가하고 싶다는 생각이 든다.

간단한 생성이나 업데이트 유스케이스에서는 유스케이스 인터페이스에 도메인 엔티티가 있는 것이 괜찮을지도 모른다. 데이터베이스에 저장해야 하는 바로 그 상태 정보가 엔티티에 있기 때문이다.

하지만 유스케이스가 단순히 데이터베이스의 필드 몇 개를 업데이트하는 수준이 아니라 더 복잡한 도메인 로직을 구현해야 한다면(도메인 로직의 일부를 풍부한 도메인 엔티티로 위임할 수도 있으니), 유스케이스 인터페이스에 대한 전용 입출력 모델을 만들어야 한다. 왜냐하면 유스케이스의 변경이 도메인 엔티티까지 전파되길 바라진 않을 것이기 때문이다.

이 지름길이 위험한 이유는 많은 유스케이스가 간단한 생성 또는 업데이트 유스케이스로 시작해서 시간이 지나면서 복잡한 도메인 로직 괴물이 되어간다는 사실 때문이다. 이는 최소 기능 제품(minimum viable product)으로 시작해서 점점 복잡도를 높여가는 애자일 환경에서 특히 그렇다. 그러므로 처음에는 도메인 엔티티를 입력 모델로 사용했더라도 도메인 모델로부터 독립적인 전용 입력 모델로 교체해야 하는 시점을 잘 파악해야 한다.

인커밍 포트 건너뛰기

아웃고잉 포트는 애플리케이션 계층과 아웃고잉 어댑터 사이의 의존성을 역전시키기 위한 (의존성이 안쪽을 향하게 하는) 필수 요소인 반면 인커밍 포트는 의존성 역전에 필수적인 요소는 아니다. 인커밍 어댑터가 인커밍 포트 없이 애플리케이션 서비스에 직접 접근하도록 할 수 있다. 그림 11.3을 보자.

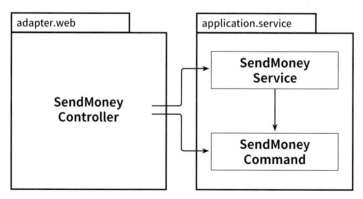

그림 11.3 인커밍 포트가 없으면 도메인 로직의 진입점이 불분명해진다.

인커밍 포트를 제거함으로써 인커밍 어댑터와 애플리케이션 계층 사이의 추상화 계층을 줄였다. 보통 추상화 계층을 줄이는 것은 괜찮게 느껴진다.

하지만 인커밍 포트는 애플리케이션 중심에 접근하는 진입점을 정의한다. 이를 제거하면 특정 유스케이스를 구현하기 위해 어떤 서비스 메서드를 호출해야 할지 알아내기 위해 애플리케이션의 내부 동작에 대해 더 잘 알아야 한다. 전용 인커밍 포트를 유지하면 한눈에 진입점을 식별할 수 있다. 이는 새로운 개발자가 코드를 파악할 때 특히 더 도움이 된다.

인커밍 포트를 유지해야 하는 또 다른 이유는 아키텍처를 쉽게 강제할 수 있기 때문이다. 10장에서 소개한 아키텍처를 강제하는 옵션들을 이용하면 인커밍 어댑터가 애플리케이션 서비스가 아닌 인커밍 포트만 호출하게 할 수 있다. 그럼 애플리케이션 계층에 대한 모든 진입점을 정의하는 것이 아주 의식적인 결정이 된다. 인커밍 어댑터에서 호출할 의도가 없던 서비스 메서드를 실수로 호출하는 일이 절대 발생할 수 없다.

애플리케이션의 규모가 작거나 인커밍 어댑터가 하나밖에 없어서 모든 제어 흐름을 인커밍 포트의 도움 없이 단숨에 파악할 수 있다면 인커밍 포트가 없는 것이 편하다. 그러나 애플리케이션의 규모가 이후로도 계속 작게 유지되거나 인커밍 어댑터가 계속 하나밖에 없을 것이라고 확신할 수 있을까?

애플리케이션 서비스 건너뛰기

어떤 유스케이스에서는 애플리케이션 계층을 통째로 건너뛰고 싶을 수도 있다. 그림 11.4를 보자.

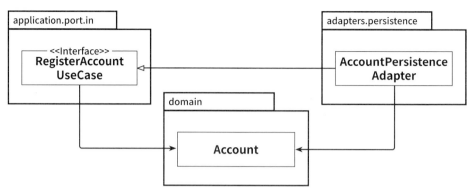

그림 11.4 애플리케이션 서비스가 없으면 도메인 로직을 둘 곳이 없다.

그림에서 아웃고잉 어댑터에 있는 AccountPersistenceAdapter 클래스는 직접 인커밍 포트를 구현해서 일반적으로 인커밍 포트를 구현하는 애플리케이션 서비스를 대체한다.

간단한 CRUD 유스케이스에서는 보통 애플리케이션 서비스가 도메인 로직 없이 생성, 업데이트, 삭제 요청을 그대로 영속성 어댑터에 전달하기 때문에 정말 구미가 당기는 방법이다. 그대로 전달하는 대신 영속성 어댑터가 직접 유스케이스를 구현하게 할 수 있다.

하지만 이 방법은 인커밍 어댑터와 아웃고잉 어댑터 사이에 모델을 공유해야 한다. 이 경우엔 공유해야 하는 모델이 Account 도메인 엔티티이므로 앞에서 이야기한 도메인 모델을 입력 모델로 사용하는 케이스가 되는 것이다.

나아가 애플리케이션 코어에 유스케이스라고 할 만한 것이 없어진다. 만약 시간이 지남에 따라 CRUD 유스케이스가 점점 복잡해지면 도메인 로직을 그대로 아웃고잉 어댑터에 추가하고 싶은 생각이 들 것이다. 이미 유스케이스가 어댑터에 있으니 말이다. 이렇게 되면 도메인 로직이 흩어져서 도메인 로직을 찾거나 유지보수하기가 어려워진다.

결국 단순히 전달만 하는 보일러플레이트 코드가 가득한 서비스가 많아지는 것을 방지하기 위해 간단한 CRUD 케이스에서는 애플리케이션 서비스를 건너뛰기로 결정할 수도 있다. 하지만 유스케이스가 엔티티를 단순히 생성, 업데이트, 삭제하는 것보다 더 많은 일을 하게 되면 애플리케이션 서비스를 만든다는 명확한 가이드라인을 팀에 정해둬야 한다.

유지보수 가능한 소프트웨어를 만드는 데 어떻게 도움이 될까?

경제적인 관점에서 지름길이 합리적일 때도 있다. 이번 장에서는 지름길을 사용할지 여부를 결정하는 데 도움이 되도록 지름길을 사용한 결과에 대한 식견을 제공했다.

간단한 CRUD 유스케이스에 대해서는 전체 아키텍처를 구현하는 것이 지나치게 느껴지기 때문에(그리고 지름길이 지름길처럼 느껴지지 않는다) 지름길의 유혹을 느낄 수 있다. 하지만 모든 애플리케이션은 처음에는 작게 시작하기 때문에, 유스케이스가 단순한 CRUD 상태에서 벗어나는 시점이 언제인지에 대해 팀이 합의하는 것이 매우 중요하다. 합의를 이루고 난 후에야 팀은 지름길을 장기적으로 더 유지보수하기 좋은 아키텍처로 대체할 수 있다.

단순 CRUD 상태에서 더이상 벗어나지 않는 유스케이스도 있다. 이러한 유스케이스는 유지보수 비용을 증가시키지 않기 때문에 지름길을 계속 그대로 유지하는 게 더 경제적이다.

어떤 경우든 아키텍처에 대해, 그리고 왜 특정 지름길을 선택했는가에 대한 기록을 남겨서 나중에 우리 자신 또는 프로젝트를 인계받는 이들이 이 결정에 대해 다시 평가할 수 있게 하자.

12

아키텍처 스타일 결정하기

지금까지 육각형 아키텍처 스타일로 웹 애플리케이션을 만드는 방법을 설명했다. 코드를 구성하는 것부터 지름길을 택하는 것까지, 이 아키텍처 스타일이 우리에게 던진 많은 질문에 답했다.

어떤 답변들은 전통적인 계층형 아키텍처 스타일에도 적용할 수 있다. 또 어떤 답변들은 이 책에서 제안한 것과 같은 도메인 중심의 접근법에서만 구현 가능하다. 그리고 어떤 답변은 여러분이 경험한 바에 따르면 효과적이지 않기 때문에 동의하지 않을 수도 있다.

어쨌든 답하고자 하는 가장 궁극적인 질문은 이것이다. 언제 실제로 육각형 아키텍처 스타일을 사용해야 할까? 그리고 언제 육각형 아키텍처 스타일 대신 전통적인 계층형 아키텍처 스타일(혹은 그 외의 어떤 스타일이든)을 고수해야 할까?

도메인이 왕이다

지금까지 살펴본 내용을 통해 영속성 관심사나 외부 시스템에 대한 의존성 등의 변화로부터 자유롭게 도메인 코드를 개발할 수 있는 것이 육각형 아키텍처 스타일의 주요 특징이라는 점이 명확해졌을 것이다.

외부의 영향을 받지 않고 도메인 코드를 자유롭게 발전시킬 수 있다는 것은
육각형 아키텍처 스타일이 내세우는 가장 중요한 기치다.

이것이 육각형 아키텍처 스타일이 도메인 주도 설계 방식과 정말 잘 어울리는 이유다. 당연한 말이지만 DDD에서는 도메인이 개발을 주도한다. 그리고 영속성 문제나 다른 기술적인 측면에 대해서 함께 생각할 필요가 없게 되면 도메인에 대해 가장 잘 고려할 수 있게 된다.

육각형 스타일과 같은 도메인 중심의 아키텍처 스타일은 DDD의 조력자라고까지 말할 수 있다. 도메인을 중심에 두는 아키텍처 없이는, 또 도메인 코드를 향한 의존성을 역전시키지 않고서는, DDD를 제대로 할 가능성이 없다. 즉, 설계가 항상 다른 요소들에 의해 주도되고 말 것이다.

그래서 이 책에서 설명한 아키텍처 스타일을 사용할지 말지를 결정할 첫 번째 지표로서, 만약 도메인 코드가 애플리케이션에서 가장 중요한 것이 아니라면 이 아키텍처 스타일은 필요하지 않을 것이다.

경험이 여왕이다

인간은 습관의 동물이다. 습관이 저절로 결정을 내리기 때문에 우리는 무언가를 결정할 때 시간을 들일 필요가 없다. 만약 사자가 우리한테 달려오고 있다면 우리는 도망친다. 만약 새로운 웹 애플리케이션을 만든다면 계층형 아키텍처 스타일을 이용한다. 과거에 너무나도 자주 이렇게 해왔고, 이것이 습관이 된 것이다.

이것이 반드시 나쁜 결정이라고 말하는 것은 아니다. 습관이 나쁜 결정을 내릴 때만큼, 좋은 결정을 내릴 때도 도움이 된다. 그저 우리가 경험한 바를 그대로 하고 있다는 것을 이야기하는 것이다. 우리가 과거에 했던 일에 편안함을 느끼는데 무언가를 바꿔야 할 이유가 있을까?

따라서 아키텍처 스타일에 대해서 괜찮은 결정을 내리는 유일한 방법은 다른 아키텍처 스타일을 경험해 보는 것이다. 육각형 아키텍처에 대한 확신이 없다면 지금 만들고 있는 애플리케이션의 작은 모듈에 먼저 시도해 보라. 개념에 익숙해지고 스타일에 익숙해져라. 이 책에 있는 아이디어들을 적용하고, 수정하고, 자신만의 아이디어를 추가해서 편하게 느껴지는 스타일을 개발하라.

그러면 이 경험이 다음 아키텍처 결정을 이끌어 줄 것이다.

그때그때 다르다

소셜 미디어에 잊을 만 하면 돌아다니는 "당신은 어떤 유형의 사람입니까", "당신은 어떤 종류의 개입니까" 테스트처럼 아키텍처 스타일을 결정하기 위한 객관식 문제를 제공하고 싶다. 나는 '수호자'[38] 성격 유형이고, 만약 개였다면 두말할 것도 없이 핏불[39]일 것이다.

그러나 이것은 쉬운 일이 아니다. 어떤 아키텍처 스타일을 골라야 하는가에 대한 내 대답은 전문 컨설턴트의 "그때그때 달라요…"와 같다. 어떤 소프트웨어를 만드느냐에 따라서도 다르고, 도메인 코드의 역할에 따라서도 다르다. 팀의 경험에 따라서도 다르다. 그리고 최종적으로는 내린 결정이 마음에 드느냐에 따라서도 다르다.

하지만 이 책이 아키텍처 문제에 도움이 될 만한 약간의 영감을 줬기를 바란다. 육각형 아키텍처에 대해서든 아니든 아키텍처 결정에 대해서 하고 싶은 이야기가 있다면 나는 언제든 들을 준비가 돼 있다.

tom@reflectoring.io로 이메일을 보내주시라.

---

38 (옮긴이) MBTI류의 성격 테스트는 미국에서도 종종 돌아다니는 모양입니다. 저자의 성격 유형인 '수호자'는 ISFJ에 해당합니다.
39 (옮긴이) 인간이나 다른 개에 대해 공격성이 강한 견종

찾아보기